Een nieuw sociaal contract

Pieter Omtzigt

Een nieuw sociaal contract

2021 Prometheus Amsterdam

Eerste druk februari 2021
Tweede druk maart 2021
Derde druk maart 2021
Vierde druk maart 2021
Vijfde druk maart 2021

Omslagontwerp Suzan Beijer
Foto omslag Jacqueline de Haas
Zetwerk Mat-Zet bv, Huizen
www.uitgeverijprometheus.nl
ISBN 978 90 446 4805 8

Inhoud

Woord vooraf 7

Deel I – Over Pieter Omtzigt 13
Deel II – Europa 69
Deel III – Hoe modellen Nederland bepalen 85
Deel IV – Het toeslagenschandaal 116
Deel V – Het toeslagenschandaal is geen incident 172
Deel VI – Een nieuw sociaal contract 183

Epiloog 205
Woord van dank 209
Noten 211
Personenregister 221

Woord vooraf

> En opeens komt het besef, de deprimerende gedachte, dat Nederland werkelijk af is. Zoals een huis af kan zijn. Een huis dat tot de laatste druppel verf, de laatste deurknop, de ultieme plant op de vensterbank af is.

Dat schreef Sylvain Ephimenco in 1998 in *De Groene Amsterdammer*. Heel lang geloofden we inderdaad dat Nederland af was. Ja natuurlijk, er waren af en toe dingen die om een oplossing vroegen: een weg die moest worden aangelegd, een natuurgebied dat om herstel vroeg of een nieuwe woonwijk die gebouwd moest worden. Ondertussen konden we ons uitleven op onze favoriete hobby's: de rest van de wereld vertellen wat zij beter moeten doen. Colleges geven over mensenrechten met een opgeheven vingertje. Andere landen helpen met hun waterwerken. Of gewoon elke nieuwe groep willen emanciperen in de Nederlandse samenleving.

Ongemerkt is een aantal van onze instituties langzaam geërodeerd, is een deel van ons sociale bindmiddel weggevallen en zijn verschillende impliciete afspraken tussen overheid, burger, bedrijven en maatschappelijk middenveld opgezegd. Dat gebeurde niet expliciet en met een daverende klap, het was geen vooropgezet masterplan. Het gebeurde met kleine stapjes.

Traditionele taken van de overheid en de samenleving zijn in de loop der tijd verwaarloosd. De volkshuisvesting werd woningmarkt. Op die woningmarkt is het voor starters moeilijk, zo niet onmogelijk, om een plek te bemachtigen. Ze kunnen niet tegen een redelijke prijs kopen en niet tegen een redelijke prijs huren.

We maakten modellen van alles en verschuilden ons achter voorbeeldhuishoudens in koopkrachtplaatjes. Maar of je echt kunt rondkomen vertelden die theoretische modellen niet. Toch stijgt onze koopkracht volgens de regering elk jaar, is er altijd vooruitgang en hooguit een keer een jaartje stilstand.

Onze stikstofmodellen bepalen dat je tussen 6.00 uur en 19.00 uur 100 kilometer mag rijden op de 'snel'wegen en volgens die geweldige modellen is de elektrische auto een zegen, die nauwelijks subsidiegeld gekost heeft.

Maar het is een schijnwerkelijkheid. Een façade, waarachter we zien dat het voor onze eigen kinderen moeilijker is om de transitie te maken van het einde van de middelbare school (zestien tot achttien jaar) naar de gezinsfase (rond de dertig jaar). Want de beurzen zijn afgeschaft, een vaste baan is vaak niet beschikbaar en de huizenmarkt is onbereikbaar.

De arbeiders, mensen die het echte werk doen in fabrieken en ziekenhuizen, op kantoren en kazernes, in winkels, scholen en verpleeghuizen, staan feitelijk niet meer centraal in het beleid.

Wie Ephimenco nu leest, weet dat de samenleving niet langer af is.

De politiek is een steeds kleinere zelfstandige kaste geworden die steeds minder geworteld is in, en onderdeel is van, de maatschappij. Politieke partijen waren altijd machtsmachines én bewegingen. Zij worden steeds meer enkel machtsmachines. Deze macht ondervindt nauwelijks tegenmacht, hooguit een beetje hindermacht. Maar niet genoeg van kritische, onafhankelijke media. Niet van het middenveld, dat bestaat uit clubs die vaak hun inkomsten krijgen uit de subsidieruif van de staat of uit een loterij. En ook de rechterlijke macht, het parlement en de ombudsman laten forse steken vallen bij hun functie om de burger, het gezin te beschermen tegen de almacht en de willekeur van de staat.

In deze constellatie gebeuren er ongelukken. Het meest tragische ongeluk voor mij was het toeslagenschandaal. Er was geen planning en al helemaal geen masterplan. Toch werden duizenden gezinnen totaal vermalen door een almachtige Belastingdienst. En ze waren onzichtbaar in onze beleidsmodellen en koopkrachtplaatjes.

Erger nog: ze waren jarenlang onzichtbaar in de media. Jarenlang ontstond er geen gecoördineerde actie in dat mooie aangeharkte maatschappelijke middenveld. Jarenlang zagen de rechters niet dat ze de overheid moesten stoppen. Jarenlang deed de Tweede Kamer niets. Jarenlang greep de ombudsman niet echt in en jarenlang hielden de Belastingdienst en de regering alles onder de pet, ook toen ze precies wisten hoe het zat.

Ik ben ervan overtuigd dat het niet alleen hier misgaat, maar dat er een aantal structurele problemen is in de manier waarop onze samenleving is ingericht.

In dit boek wil ik er een paar benoemen en uitwerken. Het boek bevat geen perfecte oplossingen, geen fijngeslepen edelstenen. Eerder ruwe natuurstenen blokken. Blokken om samen een nieuw sociaal contract mee vorm te geven en op te bouwen.

Dat contract gaat dus niet alleen over burgers en de overheid, maar ook over grote bedrijven, die losgezongen zijn van nationale samenlevingen. Het gaat over maatschappelijke instellingen die los zijn geraakt van hun kerntaak, van hun opdracht waartoe ze op aarde zijn. En het gaat over de inrichting van onze politiek en instituties, die hun gezag en slagkracht hebben verloren, vaak ook door hun eigen falen.

Er zijn oplossingen. Een land dat erin slaagde om het water te overwinnen, dat een leidende handelsnatie was – en is – met een sterke pioniersgeest, moet en kan deze problemen te boven komen. Een land waar miljoenen vrijwilligers de noden in de samenleving lenigen en zich inzetten voor hun medemensen kan ook instituties herstellen en ontstane gaten opvullen.

We kunnen en moeten samen bouwen aan een nieuw evenwicht, aan sterkere, betrouwbare en slagkrachtige instituties. Laten we werken aan een rechtsstaat waar soms fouten gemaakt worden en dingen misgaan, maar waar burgers hun recht kunnen halen en waar de noden van gewone mensen centraal staan: zorg, huisvesting, gedegen onderwijs, een baan, een schone leefomgeving, een plek van en voor gezinnen. Laten we ons inzetten voor een samenleving waar we elkaar aanspreken op fouten en ze toegeven, zonder elkaar meteen de huid vol te schelden of aan de schandpaal te nagelen.

Niet alles komt aan bod in dit boek. Zo worden de problemen van de Europese Unie en de euro maar gedeeltelijk besproken, omdat ze zo complex zijn en niet alleen door Nederland te veranderen zijn. Migratie en corona zijn eveneens twee belangrijke vraagstukken, maar verdienen een aparte behandeling, een volgende keer.

Ik realiseerde me dat het goed is wat over mezelf te vertellen omdat mijn omzwervingen door Engeland en Italië, mijn terugkeer naar Nederland en het jarenlange werk in de Tweede Kamer iets vertellen over wie ik geworden ben en waarom ik bepaalde vraagstukken benader zoals ik het doe. Tegelijkertijd vermijd ik liever mijn persoonlijke verhaal. Daarom heeft Welmoed Vlieger, filosoof en columnist, mij geïnterviewd en het persoonlijke deel geschreven. Daarnaast hielp zij mij bij het ordenen van een groot deel van het boek.

Wat de structuur van het boek betreft: na het eerste deel over mijn levensloop vertel ik in deel II over de problemen in Europa, die mij hielpen de ogen te openen voor de Nederlandse situatie en Nederland zelf. Vervolgens ga ik in deel III uitgebreid in op modellen, en hoe deze Nederland en de Nederlandse beleidsvorming bepalen. We zullen zien dat het overmatig werken met modellen – zoals in Nederland gebeurt – een aantal grote nadelen heeft en vaak onvoldoende recht doet aan de werkelijkheid en de problemen waar veel burgers mee te maken hebben. In deel IV volgt een uitgebreide bespreking van de kinderopvangtoeslagenaffaire bij de Belastingdienst, en van de implicaties die deze heeft voor onze rechtsstaat. Dat de problemen die zich tijdens de kinderopvangtoeslagenaffaire openbaarden niet op zichzelf staan, maar zich ook in andere delen van de samenleving voordoen, zal ik toelichten in deel V. In het afsluitende deel ga ik tot slot in op de noodzaak van een nieuw sociaal contract en doe ik een aantal concrete voorstellen om dit nieuwe sociale contract te realiseren.

Dit boek gaat niet over schuld en zondebokken. Dat is namelijk niet behulpzaam. En ik besef terdege dat ik, ook al ben ik vaak een outsider gebleven en misschien ook wel geworden, een onderdeel ben van het systeem en van onze samenleving.

DEEL I
Over Pieter Omtzigt

'Pieter Omtzigt is een bevlogen politicus die detailkennis koppelt aan overzicht en overtuigingen. Daarom is hij vasthoudend, maar ook en vooral buitengewoon loyaal.' Dat zegt Ab Klink, die Omtzigt vooral leerde kennen toen hij woordvoerder zorg was ten tijde van diens ministerschap op het ministerie van Volksgezondheid, Welzijn en Sport.

De doortastende, principiële houding waar het Twentse Kamerlid bekend om staat, levert hem in de loop van zijn politieke carrière bij zowel vriend als vijand nogal wat bijnamen op: politieke pitbull, dossiervreter, terriër en ga zo maar door. Omtzigt zelf blijft er nuchter onder. Wat hem boven alles drijft is een sterk rechtvaardigheidsgevoel: 'Ik kan er niet tegen als er iets gebeurt wat niet klopt.'

Gedurende zijn politieke carrière ontwikkelt Omtzigt zich tot een kritisch en eigenzinnig Kamerlid dat erin slaagt om typisch christendemocratische thema's zoals gerechtigheid, solidariteit, een goed nabestaandenpensioen, het gezin, het opkomen voor de verdrukten en godsdienstvrijheid op de politieke agenda te krijgen. Maar daar blijft het niet bij. Zijn jaren in de

Kamer doen hem gaandeweg inzien dat er enkele cruciale weeffouten in het Nederlandse systeem zitten. Weeffouten die om herstel vragen.

Maar wie is Pieter Omtzigt en wat zijn de drijfveren achter zijn politieke loopbaan? Via een interview lopen we een aantal belangrijke periodes en gebeurtenissen in zijn leven na.

Studietijd (1992-2002)

Je bent ruim tien jaar in het buitenland geweest voor studie en promotieonderzoek. Hoe heb je die tijd beleefd en wat heeft je vervolgens doen beslissen de politiek in te gaan?

Laat ik vooropstellen dat ik echt mazzel heb gehad dat ik overal kon studeren. Het collegegeld was toen nog niet ingevoerd en het Verenigd Koninkrijk was nog gewoon lid van de Europese Unie. Voor die kans ben ik enorm dankbaar.

Mijn liefde voor cijfers en statistieken ontstond al op de middelbare school. Niet dat ik alleen met cijfers bezig was hoor, ik heb tijdens die middelbareschoolperiode ook veel gezeild in Friesland – heerlijk vond ik dat. Dat zeilen ben ik later als student dan ook blijven doen. Op mijn achttiende vertrok ik naar Exeter in Engeland om Economie en Statistiek te studeren. De bedoeling was om daar een jaar te blijven, maar het beviel goed. Het was een mooie periode, waarin ik ook nog een jaar als uitwisselingstudent naar Rome ben geweest, een prachtige stad waar ik me onmiddellijk thuis voelde. Ik kon daarom in Exeter ook een aantal vakken van de opleiding Italiaanse taal- en letterkunde volgen. In Exeter ben ik in 1996 afgestudeerd bij Karim Abadir, professor in de Econometrie en een koptische christen uit Egypte. Na de revolutie van 2011 richtte hij met enkele anderen de liberale partij in Egypte op, die in 2015 de grootste partij werd.

Na mijn afstuderen kon ik een beurs krijgen voor een promotieonderzoek aan het Europees Universitair Instituut in Florence, waarvan er jaarlijks maar een paar aan Nederlandse studenten worden toegekend. De andere optie was om in Groningen te promoveren. Omdat ik toch eigenlijk wel veel zin had om weer terug te gaan naar Italië, en dan vooral naar Florence, hoefde ik niet lang na te denken over deze keuze. Overigens startte ik daar met mijn promotieonderzoek zonder de benodigde master, dus dat was nog wel even aanpoten in het begin.

Het Europees Universitair Instituut van Florence behoort tot een van de twee Europese elite-universiteiten, naast die van Brugge. Kon je er, als nuchtere Twentenaar, een beetje aarden?

Dat ging op zich prima, al was ik ook wel een beetje een outsider. Ik was blij dat ik Italiaans sprak en in een klein dorpje vlak bij de universiteit woonde, waar ik er gewoon bij hoorde. De academische en politieke discussies en debatten, daar genoot ik van. Die diepgaande discussie mis ik wel eens, hoor. Wel begon ik langzaam wat systemische kritiek te hebben op de wijze waarop de Europese Unie georganiseerd is. Dat is de afgelopen jaren verder toegenomen. Mijn studiegenoten uit die tijd werken nu bij allerhande topinstituten en banken verspreid over Europa. Zo is het plaatsvervangend hoofd monetair beleid van de Europese Centrale Bank, een beleid waar ik fundamentele kritiek op heb, een van mijn oude studiegenoten. De ECB staat voor een systeem dat in mijn optiek juist op de schop moet.

De jaren in Florence, waar ik van 1996 tot 2000 studeerde en woonde, verklaren voor een belangrijk deel mijn politieke drive. De universiteit bestond uit vier faculteiten, die van geschiedenis, economie, politieke wetenschappen en rechten. In het eerste jaar moesten we een paper naar keuze schrijven. Ik koos ervoor om dit over referenda met meer dan twee opties te doen. Welke kiesstelsels kun je toepassen en hoe bepaal je welk stelsel je kiest en hoe komen politieke keuzes dan tot stand, zeker als de keuzes niet helder zijn? Zorg je er echt voor dat de burger werkelijk betrokken blijft bij de publieke keuzes die gemaakt worden? Deze vragen intrigeerden mij mateloos. De wisselwerking tussen de academische en politieke wereld vond daar continu plaats. Veel hoogleraren van wie ik les kreeg, hadden een sterke politieke interesse. De keuze om de politiek in te gaan was in deze omgeving dan ook helemaal niet vreemd. De voormalig premier van Italië, Giuliano Amato, gaf daar bijvoorbeeld ook les. Hij werd daarna weer minister van Financiën en vervolgens nog een keer premier van Italië. Het academische was voor mij nooit alleen maar iets theoretisch, maar hing steeds ook samen met de vraag welke consequenties de theorie heeft voor het Nederlandse of het Europese beleid. Het was voor mij, vanuit deze achtergrond, dan ook een natuurlijke keuze om politiek actief te worden.

Daarnaast zijn die jaren in Florence bepalend geweest voor mijn kijk op modellen, waar ik in mijn proefschrift uitgebreid op in ben gegaan.[1] Hoe selecteer je het juiste model en wanneer is het zinnig om een model te gebruiken en wanneer vooral niet? Verschillende hoogleraren, onder wie eerst David Henry uit Oxford en Grayham Mizon uit Southampton, en later ook Søren Johansen uit Kopenhagen, hebben op het punt van modellen grote invloed op mijn denken gehad. Ze waren vooral allemaal heel precies in hoe je modellen selecteert en gebruikt en konden haarfijn uitleggen waarom veel statistische modellen ongeschikt zijn of gecorrigeerd moeten worden. Ik wilde een deel van mijn promotie doen over de vergrijzing en pensioenstelsels in de Europese Unie, had zelfs al een paar hoofdstukken over dit onderwerp klaarliggen. Maar mijn hoogleraar, Ramon Marimon, werd van de ene op de andere dag staatssecretaris in Spanje. Daardoor promoveerde ik uiteindelijk, in 2003, bij Søren Johansen op een aantal papers over automatische modelselectie en methodes om correcties toe te passen wanneer er te weinig observaties zijn om standaard statistische testen toe te passen. De discussies gingen dus altijd over de beperkingen van modellen en vooral over wat je er niet mee kunt doen.

In Nederland zijn juist die modellen voor een belangrijk deel bepalend voor het beleid. Ik denk bijvoorbeeld aan de grote rol van het CPB. Jij hebt het nu over de beperking van modellen, wat bedoel je daarmee?

Juist op dit punt gaat het in ons land grondig mis. Er wordt in Den Haag te veel gestuurd op modeluitkomsten in plaats van op de werkelijkheid. Het hele Nederlandse politieke systeem is gebouwd op koopkrachtplaatjes, stikstofmodellen, kortom op 'modeldenken'. Hoe zo'n model in het echt uitpakt en of het voldoende de werkelijkheid omvat lijkt niet altijd even relevant. Ik moet in dat verband vaak denken aan de beroemde grotvergelijking van Plato: zijn we nu met de echte wereld of met de schaduwwereld bezig? Alles wat niet in de modellenwereld meegenomen wordt, bestaat gewoonweg niet. En vaak is dat een groot deel van de werkelijkheid. Ik heb daar fundamentele kritiek op.

Waar pertinent aan voorbij wordt gegaan is dat je altijd moet controleren welke aannames er ten grondslag liggen aan het model. Statistisch gezien kun je een model alleen gebruiken als de aannames geldig zijn. Het gebeurt nog wel eens dat de aannames te rooskleurig zijn en dat er geen rekening wordt gehouden met onverwachte en grote afwijkende gebeurtenissen, bijvoorbeeld een grote bankencrisis of een pandemie. Het probleem is: als je er in de schaduwwereld van het model van uitgaat dat de onverwachte gebeurtenissen niet bestaan, kan het goed misgaan. We optimaliseren het beleid in modellen die een groot deel van de echte wereld niet beschrijven, die er ver naast zitten en heel slecht voorspellen, omdat ze per definitie heel grote onzekerheidsmarges kennen. En toch kijken we naar de modellen om beleid te maken. We gebruiken deze dus niet om iets te testen, maar we selecteren het beleid dat het best uit het model komt, ook al weten we dat het model fout is.

Waarom wordt er zo'n enorm groot belang aan die modellen gehecht bij het maken van beleid?

We lijken soms te denken dat de modellen beter zijn in het maken van beleidskeuzes dan mensen. Dat is pertinent onwaar. Ze zijn een nuttig hulpmiddel. Maar de waarheid zijn ze niet. Wat het goed doet in de modellen kan een ramp zijn voor de burgers. Je moet je dus altijd bewust zijn van de beperking van modellen en oog houden voor onverwachte gebeurtenissen in de werkelijke wereld. Dat gebeurt in Den Haag vrijwel nooit. Het risico daarvan is dat er geen inhoudelijk doordachte keuzes meer worden gemaakt over de samenleving en er volledig op planbureaus zoals het CPB wordt gevaren.

Politieke partijen hebben zich kortom veel te afhankelijk gemaakt van planbureaus die dikke boekwerken vol schrijven over beleid op basis van modellen zonder na te gaan hoe een en ander uitwerkt in de praktijk bij de burger. Ondertussen zijn denktanks van de overheid bijna volledig afgeschaft en worden wetenschappelijke instituten steeds onzichtbaarder. Er werken op dit moment nog maar zo'n honderd mensen in Den Haag bij denktanks terwijl we zevenhonderd voorlichters hebben. Het gevolg daarvan is dat men in Den Haag vooral geïnteresseerd is in hoe het beleid aan journalisten verteld wordt en niet in de vraag wat het betekent voor de burger. Het is echt van groot belang dat de burger weer centraal komt te staan.

Na Florence duurde het nog enkele jaren voor je, in 2002, weer naar Nederland terugkeerde. Wat deed je in die tussentijd en wat was voor jou de aanleiding om uiteindelijk weer naar Nederland terug te gaan?

Na vier jaren Florence verhuisde ik naar Varese (Lombardije) om daar mijn proefschrift af te maken, terwijl ik werkte aan de universiteit van Insubrië. Tussen 2000 en 2002 woonde en werkte ik afwisselend in Varese, Kopenhagen en Amsterdam.

Een van de ontmoetingen die me uit die tijd het meest is bijgebleven is een lang gesprek met Elizabeth Warren. Mijn toenmalige vriendin, die les van haar had, vond dat ik met haar moest praten. Warren liet zien hoe de Amerikaanse middenklasse verarmde en nu twee hele inkomens nodig had om rond te komen. Ze prikte feilloos het sprookje door dat vertelt dat elke volgende generatie het economisch beter heeft dan de voorgaande. Die verarming van de middenklasse is nu ook heel goed zichtbaar in Nederland en andere delen van de Europese Unie.

Tijdens het schrijven van mijn proefschrift kon ik een aantal maanden naar Kopenhagen, waar mijn promotor en zijn echtgenote, die ook hoogleraar econometrie is, woonden: Søren Johansen en Katarina Juselius. Denemarken was – na Engeland en Italië – weer een totaal ander land, waar ik behoorlijk aan moest wennen, al zijn er best wel veel overeenkomsten met Nederland. Hoewel het een mooi land en een boeiende tijd was, voelde ik mij meer thuis in Italië. Anders dan in Denemarken sprak ik daar de taal en was ik volledig ingeburgerd. De periode in Denemarken was net te kort om echt onderdeel uit te kunnen gaan maken van die samenleving. Toch hebben al die landen hun stempel op mijn latere loopbaan gedrukt. De plaatsen waar je gewoond hebt, de kennis ervan, die neem je mee in het werk dat je daarna doet. Het aankaarten van de hele kwestie rond transparantie in de Europese Unie heb ik met het Deense parlement gedaan. En dat ik later brexitrapporteur werd heeft weer alles te maken met mijn studieachtergrond in Exeter.

Vanuit het buitenland bleef ik wel de Nederlandse politiek volgen: een moment dat mij nog helder voor ogen staat uit die periode in Kopenhagen is de moord op Pim Fortuyn. Bij een diner in Kopenhagen belde ik meerdere keren naar mijn ouders om te begrijpen wat er gebeurde.

Een van de redenen dat ik in 2002 definitief terug ben gegaan naar Nederland is omdat ik niet het gevoel had dat ik in de Italiaanse universitaire wereld mijn draai zou kunnen vinden. Ik voelde mij er niet thuis en kreeg een baan als postdoctoraal onderzoeker aan de UvA, bij een project van econometrist Frank Kleibergen.

Op de allerlaatste dag in Varese schreef ik mijn sollicitatie om bij het CDA op de lijst te komen. De jaren daarvoor was ik lid geworden omdat het nadenken over de samenleving, over de toekomst van de sociale zekerheid en het houdbaar maken van het pensioenstelsel mij aansprak. Toen de partij nog in de oppositie zat had ik contact gehad met Nicolien van Vroonhoven-Kok en Jan Peter Balkenende. Ik had al eerder de hint gekregen om voor de lijst te solliciteren en had het niet heel serieus genomen. Maar nu de regering na minder dan een jaar was gevallen, kwam er een nieuwe kans. Ik schreef in die sollicitatiebrief dat tegen de stroom in roeien me wel bevalt en stuurde hem op. Overigens niet in de verwachting dat het ergens toe zou leiden.

Eerste jaren als Kamerlid (2003-2007)

In Nederland koos je er uiteindelijk voor weer in Twente te gaan wonen, waar je als kind bent opgegroeid. Waarom opnieuw Twente?

Op het formulier van het CDA moest ik invullen in welke provincie ik woonde in Nederland. Instinctief heb ik toen Overijssel ingevuld, al ging ik werken in Amsterdam. Het was de plek waar ik vandaan kwam en in ieder geval even weer zou gaan wonen bij terugkomst. Mijn ouders woonden daar nog en de keuze voor Twente voelde voor mij toch het meest natuurlijk. Niet veel later kocht ik een huis in Tuindorp, Hengelo.

Ik wilde terug naar mijn roots in Twente, een gebied waar ik mij thuis voel en waar de samenleving mij erg aanspreekt. Op vierjarige leeftijd ben ik met mijn familie naar Borne verhuisd, een plaatsje in de buurt van Hengelo. Ik ben opgegroeid met 'noaberschap' en gemeenschapszin – voor Twentenaren iets heel vanzelfsprekends. Ik geloof dat juist dit gemeenschapsdenken van grote waarde kan zijn voor de moderne samenleving. Wat maakt ons land tot een gemeenschap en hoe houden we dat zo? Wat zijn onze gedeelde waarden? Dat we hier geen duidelijk antwoord op hebben is echt een probleem. Er wordt in de politiek van alles geroepen over systemen en modellen, maar die werkelijke zorg voor elkaar is veel reëler en concreter. Het ontbreekt aan visie op die samenleving als gemeenschap, waar mensen naar elkaar omzien. De Twentse gemeenschapszin heeft mij in dat opzicht wel gevormd, ja.

Na die jaren in het buitenland kostte het overigens wel wat tijd om weer te wennen in Nederland. Het was een soort omgekeerde inburgering, weer terug in mijn eigen land. Ik heb een cruciale periode van mijn leven – van mijn achttiende tot mijn 28ste – in het buitenland doorgebracht, en dat zijn toch juist ook de vormende jaren. Gelukkig kwam ik al snel weer wat oude vrienden tegen en het CDA in de regio was een heel prettige nieuwe gemeenschap.

Jouw keuze voor het CDA, kun je daar wat meer over vertellen?

Een van de redenen waarom ik overtuigd lid ben geworden van het CDA is omdat het de enige partij was die een plan had om de VUT af te schaffen. Als mij één ding duidelijk was geworden, zeker met het oog op de demografische ontwikkelingen, was het dat de VUT een onhoudbaar instrument was. Wat je ook van het pensioenstelsel vond, het idee dat mensen bij de rijksoverheid soms zelfs met hun 51ste en in het bedrijfsleven met hun 61ste met pensioen konden gaan terwijl de levensverwachting bijna tachtig was, was op de lange termijn volstrekt onhoudbaar. In Italië, waar de pensioenleeftijd in die tijd nog veel lager lag en de levensverwachting juist hoger was, had ik met eigen ogen gezien hoe dit de staatsfinanciën aan het opblazen was en dat je van de laagste pensioenen totaal niet kon rondkomen. Ik werd dus mede lid van het CDA om de VUT af te schaffen om zo de rest van het pensioenstelsel houdbaar en toekomstbestendig te maken, en ook om ons nationale private pensioenstelsel te behouden in de Europese Unie.

Natuurlijk spreekt ook het christendemocratische fundament van de partij mij aan. Ik kom uit een katholiek nest, het geloof is voor mij een bron van inspiratie, maar het is niet iets wat ik expliciet of bewust uitdraag. Voor mij ligt het accent op handelen, op daadkracht. Ik voel mij zeer betrokken bij het lot van christenen in de wereld en zet mij hier ook actief voor in. Maar je zal mij niet snel uit de Bijbel horen citeren. Liever zet ik mij concreet in voor mensen en voor een rechtvaardige samenleving. Ik heb de afgelopen jaren een drive ontwikkeld om de overheid beter te laten functioneren voor de burger, dat zijn dingen die ik belangrijk vind.

Op 3 juni 2003 ben je als Kamerlid aan de slag gegaan als woordvoerder pensioenen. Na jaren van studie en wetenschap werd je dus min of meer de politiek in gelanceerd. Hoe heb je je eerste jaren als Kamerlid beleefd?

Tot mijn verrassing kwam ik na mijn sollicitatie op plek 51 op de Kamerlijst terecht. Dat ik woordvoerder pensioenen wilde worden riep overigens nogal wat verbazing bij mensen op. Zo werd ik echt uitgelachen door Wim van de Camp, destijds de secretaris van de CDA-fractie, met de opmerking: 'Pensioenwoordvoerder, ben je soms gek geworden?' Het gaat om de allergrootste pot geld, maar kennelijk vond niemand het politiek relevant. Ik dus wel. Die interesse kwam natuurlijk niet zomaar uit de lucht vallen. Ik had voor mijn promotieonderzoek immers al onderzoek gedaan naar pensioenstelsels in Europa en naar de demografische gevolgen van het pensioenstelsel dat je kiest. Die kennis kwam me nu goed van pas.

Die eerste jaren in de Kamer waren om een aantal redenen best moeizaam. In de eerste plaats had ik nog totaal geen politieke ervaring. Voordat je doorhebt hoe je de regering controleert en hoe wetten gemaakt worden ben je echt wel de nodige tijd kwijt. In de tweede plaats kwam ik, samen met Theo Brinkel, pas na de formatie de Kamer in. De CDA-fractie, die in 2002 onder leiding van Balkenende groot geworden was, was toen net een halfjaar bezig en alle leuke portefeuilles waren al verdeeld. Daar komt bij dat de regeerakkoorden zo ongelofelijk veel vasttimmeren dat het niet meer zomaar mogelijk was om het beleid nog bij te sturen.

Pas in het najaar van 2003 hield ik mijn maidenspeech. Die ging over een beter nabestaandenpensioen. De reden dat ik voor dit onderwerp koos was dat ik forse kritiek had op het pensioenstelsel in Nederland. Iedereen had het voortdurend over het ouderdomspensioen, maar het pensioenstelsel is helemaal niet opgericht voor ouderen. Het is opgericht voor weduwen en wezen en voor mannen die een arbeidsongeval hebben gehad. Het ouderdomspensioen is dan ook een speciale vorm van het arbeidsongeschiktheidspensioen: als je te oud was, kon je niet meer werken.

Mijn maidenspeech leidde tot heftige en ook leuke discussies met coalitiepartners. Zij hadden zoiets van: 'Wat is dit voor een ouderwetse jongen dat hij zich zo druk loopt te maken over het nabestaandenpensioen?' Ik zag dat toch anders. Het is nog altijd zo dat elk jaar tienduizenden mensen, vooral vrouwen, nabestaanden worden. Vrouwen zijn gemiddeld jonger op de huwelijksdatum en hebben een hogere levensverwachting. Dit is dus niet genderneutraal.

Mensen staan er vaak niet bij stil, maar dit is een sociale nood die hoog is. In een tweeverdienerssamenleving is het vaak zo dat de een een modaal salaris en de ander een half modaal salaris verdient. Als het modale salaris wegvalt en je gaat naar een half modaal inkomen, dan red je het niet met de vaste lasten. Dus ook in een tweeverdienershuishouden is er een behoefte. De samenleving lost daar een stukje zelf van op. Een aantal mensen en banken zijn daarin – vooral vanuit eigenbelang – buitengewoon behulpzaam, door bijvoorbeeld de mogelijkheid te bieden een levensverzekering af te sluiten bij een hypotheek. Die is dan deels of geheel afgelost bij overlijden. Mijn antwoord was en is: we moeten weer terug naar sociale zekerheid die de risico's dekt die je als individu niet kunt dragen.

In hoeverre is dat gelukt?

Er speelde in die tijd nog iets geks doorheen. Een aantal pensioenfondsen was toen bezig om het nabestaandenpensioen op een andere manier in te richten. Dat had bizarre gevolgen. Als je van baan wisselde en je overleed de dag vóór je 65ste, ontving de weduwe bijna geen nabestaandenpensioen. Maar overleed je de dag ná je 65ste, dan kreeg je als weduwe een op zich acceptabel nabestaandenpensioen. Maar waarom zou dat moeten afhangen van de dag van je overlijden? Dat gevecht ben ik toen begonnen en dit wordt pas nu een beetje geregeld in het pensioenakkoord. Dat heeft dus vijftien jaar geduurd.

Een van de eerste conflicten die ik in die tijd kreeg, wat ik op dat moment overigens volstrekt niet doorhad, hing samen met de fusie van de Pensioen- en Verzekeringskamer (PVK) en De Nederlandsche Bank (DNB) die toen speelde. Ik kwam erachter hoe luxueus de pensioen- en VUT-regelingen van de mensen bij De Nederlandsche Bank waren, en dan vooral van de top. Mijn instemming heb ik toen voorwaardelijk gemaakt aan het enigszins uitkleden van die regelingen. Dat leverde mij een heel kwade brief op van Nout Wellink, die toen president was van De Nederlandsche Bank. Ik wist op dat moment niet van welke partij hij lid was. Dat bleek dus het CDA te zijn. Uiteindelijk is het wel gelukt om die regelingen aan te passen, ook omdat dit niet in het regeerakkoord was vastgelegd. Wat ook meespeelde is dat Gerrit Zalm, tegen wie ik natuurlijk opkeek als nieuw Kamerlid, in het debat aanvankelijk ontkende dat ze zo riant waren. Toen bleek dat ik toch gelijk had, bood hij zijn excuses aan voor het niet precies informeren. Dat is heel netjes en iets wat de afgelopen jaren veel te weinig is gebeurd.

In de periode die volgde ben je als woordvoerder pensioenen wel vaker in een conflictsituatie terechtgekomen. Ik denk dan bijvoorbeeld aan het conflict om het havenpensioen in 2007. Wat gebeurde er toen?

Het was de eerste keer dat er door een bepaalde truc geld uit het vermogen van het pensioenfonds van de Rotterdamse haven werd gehaald. Het PVH (Pensioenfonds voor de Vervoer- en Havenbedrijven) was ondergebracht bij de verzekeraar Optas, die in maart 2007 werd overgenomen door Aegon. Die pensioengelden waren toen dus in het bezit van Aegon maar werden niet besteed aan de havenwerkers die met pensioen zouden gaan, maar eindigden in een fonds. Onbegrijpelijk, vond ik, omdat die gelden wel werden ingehouden op hun salaris. Dat leidde voor mij voor het eerst tot een bepaalde vorm van actievoeren, samen met de boze Rotterdamse havenarbeiders, die een deel van hun pensioenaanspraken in rook zagen opgaan. Ik vond dat Aegon en Optas een foute deal hadden gesloten. Een gedeelte van dat pensioenfonds werd door Optas zonder garanties overgedragen aan stichting Ammodo, die net deed alsof ze de mecenas voor de kunsten was. Stel je het je even voor: dat geld was dus beklemd vermogen dat via een slimme juridische manier uit het pensioenfonds kon worden gehaald. En dan gaat vervolgens een deel van dat geld naar een fonds van een paar honderd miljoen euro om kunsten te subsidiëren terwijl het pensioengeld daar nooit voor was bedoeld! Mensen moesten verplicht premie betalen en dat werd nu niet gebruikt voor pensioenen maar voor kunst.

Ik had conflicten met minister Piet Hein Donner, die over pensioenen ging, met Aegon en met een aantal mensen van Ammodo. Uiteindelijk kwam het tot een schikking waarbij zowel Aegon als Ammodo toch nog fors wat geld moest terugbetalen. Wat mij betreft was het te weinig en uit het boek dat later over deze kwestie geschreven is, zijn zelfs nog citaten van mij geschrapt.[2] Daar was ik natuurlijk niet erg gelukkig mee. Ik schreef daarom in 2012 een boze brief aan Paul Frentrop, die nu senator is voor Forum voor Democratie. Hij had in die periode een bijzonder hoogleraarschap 'corporate governance' dat werd betaald met dat pensioengeld. Absurd natuurlijk. Op die brief heb ik nooit een antwoord gehad.

De hele affaire heeft er uiteindelijk toe geleid dat er relatief veel wetswijzigingen zijn aangenomen. Ik heb toen dus niet alleen actiegevoerd maar ook de wet aangepast, samen met een aantal collega's. Wanneer iets een uitwerking heeft die je niet beoogt, namelijk dat het pensioengeld via een U-bocht ontvreemd wordt terwijl mensen die dat pensioengeld ingelegd hebben daar geen toestemming voor hebben gegeven, dan vind ik dat je als overheid actie moet ondernemen. Het is dan zaak om het gat te dichten in de wet waarmee je pensioenvermogen aan het pensioenfonds kunt onttrekken.

Huwelijk met Ayfer Koç en het belang van godsdienstvrijheid

Je bent getrouwd met Ayfer Koç, fractievoorzitter van het CDA in Enschede. Samen voeden jullie vier dochters op. Hoe hebben jullie elkaar ontmoet?

Ayfer en ik ontmoetten elkaar in de herfst van 2005, in een zaaltje waar ik als woordvoerder pensioenen een spreekbeurt hield. De afschaffing van de VUT, die in die periode plaatsvond, riep natuurlijk de nodige weerstand bij mensen op en leidde ook tot stevige protesten. Ik ging daarom in die tijd allerhande zaaltjes langs om uitleg te geven over wat we aan het doen waren en waarom. Zo gaf ik ook een keer een spreekbeurt in Enschede voor een groep mannen van een jaar of 55 die niet heel gelukkig waren met het feit dat zij de eerste generatie zouden zijn die niet meer met de VUT kon gaan. De overgangsregeling was trouwens zeer royaal vergeleken bij de daaropvolgende hervormingen, maar dat terzijde. In die zaal, met allemaal boze vijftigers, zat ook Ayfer. Ik vroeg me toen wel even af: wat doet zij hier nou? Na afloop gingen we wat drinken aan de bar en ik kan me nog goed herinneren dat een van die mannen naar ons toe kwam en zei: 'Nou, ik heb wel een vraag, meneer, maar volgens mij bent u met iets veel belangrijkers bezig nu.' Dat was dus kennelijk al wel zichtbaar.

Door de ontmoeting met Ayfer ging een totaal andere wereld voor mij open die ik zelf in die tijd vrijwel niet kende. Mijn vroegere scriptiebegeleider, Karim Abadir, had mij wel iets verteld over het christendom in het Midden-Oosten maar niet veel. De belangstelling hiervoor, en daarmee ook voor godsdienstvrijheid, is echt via Ayfer ontstaan.

Hoe leerde je die andere wereld via Ayfer kennen?

Toen zij negen jaar was, is Ayfer met haar gezin uit Turkije gevlucht. Als Syrisch-orthodoxe christenen waren zij niet veilig in Turkije, ze werden geïntimideerd en leefden continu in angst. Ayfer kwam dus naar Nederland en is hier naar school gegaan, heeft vervolgens bestuurskunde gestudeerd aan de Universiteit Twente en is daarna gaan werken – eerst bij Achmea, daarna als ambtenaar bij de gemeente Enschede en vervolgens als zelfstandig ondernemer. In 2009 trouwden we. Kort daarna zijn we op huwelijksreis gegaan naar Mardin, een kleine stad in Zuidoost-Turkije waar Ayfer is geboren en opgegroeid. We bezochten een aantal kloosters uit de eerste en tweede eeuw na Christus op de grens van Turkije met Syrië en Irak. Een daarvan was het Syrisch-orthodoxe Mor Gabriël-klooster, een van de oudste nog bestaande christelijke kloosters ter wereld. Het was echt zeer indrukwekkend om die geschiedenis te zien.

Die reis was voor mij een belangrijke ervaring. De christelijke gemeenschap in Turkije leefde helemaal teruggetrokken in het uiterste zuidoosten, grotendeels gescheiden van de islamitische gemeenschap. Ze stond zwaar onder druk als gemeenschap en je kon de sporen nog zien van wat vroeger een grote gemeenschap en beschaving was geweest en wat nu was teruggedrongen tot een paar dorpen en steden.

Wat we vaak vergeten is dat Constantinopel tot en met 1492 het centrum van het oosterse christendom was, en dat het oosterse christendom lange tijd veel belangrijker is geweest dan het westerse christendom. Hoe anders is het nu. Turkije is binnen een eeuw veranderd van een multireligieuze in een meer monoreligieuze samenleving waarin inmiddels minder dan 0,5 procent van de Turkse bevolking christen is. De christelijke minderheden die er nog zijn, waaronder Armeniërs, Syrisch-orthodoxen, Grieks-orthodoxen, katholieken en protestanten, worden steeds kleiner en de eerste drie groepen zijn gedecimeerd bij de Armeense genocide van 1915. Sommige historische kerken zijn omgevormd tot moskeeën. Een aantal van hun religieuze gebouwen en landerijen worden onteigend en bezet door de overheid of door hun Koerdische buren. Het Mor Gabriël-klooster is al sinds 2008 verwikkeld in verschillende rechtszaken die door de overheid zijn aangespannen. Dat juist overheidsinstanties rechtszaken aanspannen tegen eigendommen van de kerk is echt ongehoord en een grof schandaal tegen de godsdienstvrijheid in Turkije. Ondertussen wordt de Nederlandse godsdienstvrijheid ten volle benut door Turkije om vanuit het staatsgodsdienstministerie hier moskeeën aan te sturen.

Ik ben later ook nog een keer naar Pakistan geweest, waar eveneens groepen christenen werden vervolgd. Deze ervaringen maakten voor mij heel concreet wat je eigen vrijheden inhouden en welke vrijheden je hier in Nederland hebt. Ook werd mij duidelijk wat het betekent om als tweederangsburger behandeld te worden. Het heeft mij sterk gevormd.

In maart 2012 heb ik een initiatiefnota geschreven over de zorgwekkende situatie van het Mor Gabriël-klooster. Hierin staat een aantal concrete aanbevelingen aan onze regering om iets te doen aan de onteigening van grond van het klooster en zich heel concreet hard te maken voor godsdienstvrijheid. In het najaar van 2012 is hier een boek uit voortgekomen.[3] Daarin geven politici, wetenschappers en schrijvers een beschrijving van het verdwijnen van de Syrisch-orthodoxe gemeenschap uit Turkije en van de wijze waarop de Turkse staat de landerijen van het klooster onteigent.

Via de Parlementaire Assemblee van de Raad van Europa, waar je sinds 2004 lid van bent, strijd je al jaren om de ISIS-genocide tegen christelijke en andere minderheden erkend te krijgen en Nederland verplicht te stellen om teruggekeerde Syriëgangers te vervolgen. In hoeverre lukt dat?

Dat verloopt uitermate stroef. Internationaal zijn er afspraken gemaakt die landen verplichten om genocide te bestrijden en de daders te vervolgen. Die vervolging gebeurt wat mij betreft bij voorkeur in de regio of via een internationaal strafhof. Niet alle landen willen daaraan meewerken maar ze zijn in elk geval wel verplicht om burgers die aan genocide meewerken te vervolgen. Want vergeet niet: de Nederlandse en andere uitreizigers hebben deelgenomen aan een organisatie die genocide pleegde en zij wisten heel erg goed, via filmpjes op het internet of via hun tijdschrift *Dabiq*, dat zij dat deden. Erg wrang dus dat de houding tegenover mensen die zich bij ISIS aangesloten hebben in de praktijk zo zwak is. In Nederland krijgt 'kalifaatmeisje' Laura H. gewoon een televisieoptreden en een vergoeding bij de kerstaflevering van *Mensen met M*. Laura H. is veroordeeld en de rechtbank acht bewezen dat zij het oogmerk heeft gehad om terroristische misdrijven voor te bereiden en te bevorderen. Maar zij mag wel haar verhaal in de media vertellen en de slachtoffers niet. Wij zijn hier in dit land soms echt ontzettend naïef.

Maar niet alleen hier hoor, zo bleek onder andere uit een enquête die ik heb gehouden onder alle 47 landen van de Raad van Europa. In die enquête vroeg ik deze landen naar hun omgang met teruggekeerde Syriëgangers. Ik kreeg slechts twintig antwoorden terug en die waren zorgwekkend te noemen. Zweden bijvoorbeeld, die met honderden teruggekeerde Syriëgangers te maken heeft, verschafte hen vrolijk nieuwe identiteiten.

Het gevaar van jihadistisch geweld wordt volgens jou nog onvoldoende onderkend in Europa?

Het is een schande dat de daders van de ISIS-genocide niet vervolgd worden, ik kan daar echt van wakker liggen. ISIS heeft genocide gepleegd tegen jezidi's, christenen en niet-soennitische moslims en komt daar ook gewoon open en bloot voor uit. Ik ken jezidi's en christenen wier familieleden slachtoffer zijn van de genocide en slavernij van ISIS en dat gaat echt onder je huid zitten. Vooral de getuigenis van Nadia Murad, die ik had uitgenodigd, maakte grote indruk op de commissie.

De berechting van genocideplegers en het terugdringen van jihadistisch geweld vraagt om een gezamenlijke, sluitende aanpak, anders gebeurt er niets. Duitsland is inmiddels wel begonnen met vervolging. Afgelopen jaar hebben we met tachtig parlementariërs uit 47 landen het Duitse OM hierover in een digitale hoorzitting ondervraagd. Daarover schrijf ik nu een rapport. En dat rapport gaat ook over de aansprakelijkheid van staten. Daarnaast ben ik bezig met een rapport over hoe we om moeten gaan met islamitisch extremisme en over de vraag hoe we dit gaan bestrijden binnen het kader van de mensenrechten. Het is van groot belang dat we pal blijven staan voor onze rechtsstaat en oplossingen zoeken die onze vrijheden intact laten. Geen gemakkelijke opgave, omdat wij heel slecht geworden zijn in het trekken van grenzen.

'Time-out' (2010-2012)

In de periode 2010-2012 kwam het CDA in zwaar weer terecht, onder andere door de mislukte coalitie met de VVD met gedoogsteun van de PVV. Voor jou brak een onzekere tijd aan omdat niet zeker was of je Kamerlid zou blijven. Hoe ging je daarmee om?

In 2010 belandde ik op plek 29 van de kandidatenlijst. Dat leek toen nog een haalbare plek voor mij om in de Kamer te komen. Het liep anders. In de weken voor de verkiezingen klapte het CDA in elkaar en eindigden we met 21 zetels. Op de verkiezingsavond, ik was toen in Lonneker, geloof ik, werd mij voor het eerst duidelijk dat ik misschien wel buiten de partij zou vallen. Het leek namelijk niet heel waarschijnlijk dat het CDA zou deelnemen aan het kabinet. De kabinetsformatie begon toen met de conceptcoalitie die bekend werd als paarsplus: dus VVD, PvdA, D66 en GroenLinks. Als deze coalitie het zou halen wist ik dat ik niet terug zou komen in de Kamer met die 21 zetels van het CDA.

Ik bleef in die fase zeker nog betrokken bij de politiek en dat had twee redenen. In de eerste plaats was ik in die periode nog steeds bezig met het werk in de Raad van Europa. Ik had toen mijn eerste rapport over klokkenluiders al geschreven en later zou daar nog een tweede rapport bij komen. Daarnaast ging ik aan de slag als zzp'er en was ik druk met onderzoeksopdrachten, lezingen geven en dagvoorzitterschappen. Ik hield de mogelijkheid nog open dat ik weer Kamerlid zou worden, maar mocht dat niet het geval zijn, dan voelde ik er niet veel voor om met wachtgeld een beetje op mijn handen te gaan zitten. In die tijd was de regeling zo dat ik recht had op maar liefst zes jaar wachtgeld zonder zelfs maar een sollicitatieverplichting. Vrij absurd dus. Onze dochter Noa was toen net geboren en dat was wel heerlijk: het is de enige periode in mijn leven geweest dat ik wat meer tijd had voor onze kinderen.

Ik wachtte dus af waar de kabinetsformatie op uit zou lopen. De vreemde situatie deed zich toen voor – een situatie die iedereen nu achteraf anders uitlegt – dat de paarspluspartijen wel uit elkaar gingen maar niet helemaal. Kortom, de formatie klapte maar er was geen ruzie. Dat maakt het duiden ook zo lastig: er hing nog steeds in de lucht dat de paarsplusconstellatie een mogelijkheid was maar men wilde eerst alle andere opties uit de weg hebben en dan zou men, zogezegd, tot elkaar veroordeeld zijn omdat andere mogelijkheden uitgesloten zouden zijn.

Het pakte anders uit: er werd uiteindelijk gekozen voor een samenwerking tussen het CDA en de VVD met gedoogsteun van de PVV. In hoeverre was jij betrokken bij de totstandkoming van deze constructie?

Een andere optie die op dat moment nog boven de markt hing was een kabinet met VVD, CDA en PvdA, maar dat lukte niet. Op een gegeven moment deed zich dus de rare situatie voor dat er onderhandeld ging worden tussen VVD, CDA en PVV. In het begin vroeg iedereen zich af: is dit nou serieus of niet? Ik zat daar niet dagelijks bij maar werd er langzaam maar zeker een beetje bij betrokken. Ik was nogal ambivalent over de hele gang van zaken en vooral over een aantal afspraken die gemaakt werden. Er was toen een beraad in het leven geroepen waarin een aantal mensen zat, waaronder ik, die allemaal sceptisch waren over deze samenwerking. Voor mij persoonlijk had dat vooral met rechtsstatelijkheid te maken, daar zat voor mij het ongemak. Tegen het einde van de formatie werden we er steeds meer bij betrokken en ik was toen ook aanwezig bij de uiteindelijke goedkeuring van de samenwerking tussen CDA en VVD met gedoogsteun van de PVV. Die goedkeuring vond plaats in het Hilton Hotel. Nou, ik heb werkelijk nog nooit zo'n bizarre sessie meegemaakt. We zaten daar urenlang met allerlei schorsingen en onenigheid en uiteindelijk moesten alle personen één voor één instemmen. Daarna werden voor de vorm ook nog even de mensen geraadpleegd die op dat moment geen Kamerlid waren, zoals ik, maar die eventueel wel in de Kamer zouden kunnen komen. Ik heb toen een stuk of vijf à zes punten genoemd in het regeerakkoord waar ik mij niet in kon vinden.

Noem eens een voorbeeld van een punt waar je kritiek op had?

Een van die punten betrof de bijstandswet, waarin was opgenomen dat er een huishoudinkomenstoets zou komen. Daar had ik forse kritiek op. Mijn antwoord was dan ook dat ik daar nog even over wilde nadenken en daarom geen ja en geen nee zou zeggen tegen de samenwerking. Ik zei: 'Dit kan helemaal niet, je kunt niet zomaar mensen uit de bijstandswet gooien', en ik gaf voorbeelden waarbij mensen totaal klem zouden komen te zitten. Men liet dat verder lopen, totdat dat wetsvoorstel in 2011 in de Kamer kwam. Ik maakte toen opnieuw kenbaar dat ik het hier dus niet mee eens was en al helemaal niet met de gekozen invulling. Die impliceerde bijvoorbeeld dat als een volwassen kind bij zijn ouders met bijstand zou gaan wonen, het hele inkomen van het kind gekort zou worden op de bijstandsuitkering. De bijstandsuitkering zou overigens net voldoende zijn voor twee volwassenen en de hoogte voor drie volwassenen zou gelijk zijn aan die voor twee volwassenen. Op basis van een enkel voorbeeld in Nederland waarbij meer dan twee mensen in een huishouden een bijstandsuitkering kregen, werd de wet aangescherpt.

Uiteindelijk leidde het ertoe dat ik niet met de voorliggende wet wilde instemmen. Drie CDA-Kamerleden gingen hier binnenskamers in mee zodat er een blokkerende minderheid ontstond. Dit leverde een best wel pittig weekend in Den Haag op met als resultaat dat er een politieke deal werd gesloten waarbij een aantal scherpe randen van het bijstandsvoorstel werd afgehaald, dat overigens wel heel hard bleef. Een deel van de partij zal dat toen niet licht vergeten zijn, want een andere partij in de coalitie nam dit ontzettend hoog op en dat leidde weer tot een speciaal crisisoverleg in dat weekend. De sfeer in de partij was om te snijden. Achteraf vind ik dat ik akkoord ben gegaan met een veel te strenge aanscherping.

'Een deel van de partij,' zeg je. Ik neem aan dat je nu ook doelt op het schisma dat door de gedoogconstructie met de PVV in de partij was ontstaan?

De verhoudingen in de fractie waren tussen 2010 en 2012 regelmatig buitengewoon verziekt en dat kwam eigenlijk maar door één ding: de partij was volledig gespleten. Ik denk dat het achteraf gezien de verkeerde keuze is geweest om met de gedoogconstructie in zee te gaan. In 2010 was er, op Hanke Bruins Slot na, geen enkel nieuw fractielid aangetreden.

Van parlementariër naar volksvertegenwoordiger (2012)

2012 was een cruciaal jaar voor jou en markeert een omwenteling in jouw politieke carrière. Je werd toen, door een groot verlies van de partij, vanaf plek 39 met voorkeursstemmen gekozen. Wat ging hieraan vooraf?

In 2012 gebeurde er in feite precies het omgekeerde van 2010: de fractieleden werden massaal bedankt voor hun voormalige inzet en keerden niet terug op de lijst. Het was zelfs zo erg dat geen van de ministers en staatssecretarissen uit het kabinet-Rutte I aanbleef. Ik heb werkelijk nog nooit in de politieke geschiedenis van Nederland gezien dat een politieke partij al haar bewindspersonen afdankt en niet op de lijst zet. In die constellatie werd ik dus ook door het CDA bedankt voor mijn diensten en mocht ik weer verdergaan. Je snapt dat ik daar natuurlijk behoorlijk teleurgesteld over was. Ik kan me nog precies het moment herinneren waarop ik dat telefoontje kreeg: ik zat onder in een dubbeldekkertrein ergens bij Nijmegen, waar ik een spreekbeurt had gehouden. Aan het eind van het gesprek werd ik gevraagd wat ik nu verder wilde en ik zei: 'Ik denk er even over na maar zet mijn naam maar op de groslijst.' Binnen het CDA is er naast de kandidatenlijst ook nog iets dat we een groslijst noemen, een lijst van mensen die zich kandidaat hebben gesteld en die formeel aan de eisen voldoen. Deze wordt als zodanig voorgelegd aan de leden, want de leden mogen uiteindelijk de kandidatenlijst bepalen.

Na overleg met Ayfer en wat rondbellen in de partij merkte ik dat er wel wat steun was om kandidaat te worden. Tientallen afdelingen hebben mij toen redelijk hoog teruggezet op de lijst, waardoor ik uiteindelijk op plek 39 belandde. Dat was natuurlijk nog geen verkiesbare plek. Het betekende dat ik een voorkeurscampagne moest gaan voeren in een partij die op dat moment op apegapen lag. We hadden onszelf immers twee jaar lang lopen verscheuren. Dit gegeven, in combinatie met de verschillende affaires die er voorgaande jaren hadden gespeeld, waaronder de Optas-affaire rond de havenpensioenen, leidde ertoe dat ik besloot van koers te veranderen en mijn politieke leven op een andere manier in te richten. Ik dacht: voor dat voorkeursmandaat ga ik campagne voeren, maar dat betekent ook dat ik mijn mandaat bij de kiezer kom ophalen. Van de partij hoefde ik het immers niet te hebben. Voor het eerst beantwoordde ik toen voor mijzelf de vraag die ik tot dan toe nooit echt beantwoord had, namelijk: 'Voor wie doe ik het eigenlijk?' Het was raar, want in 2003 was ik de fractie vanuit het buitenland binnengekomen zonder enige achterban. En nu wilde ik definitief de stap zetten naar een zelfstandig mandaat.

Een verandering van ankerpunt...

Inderdaad. De Grondwet was voor mij glashelder: daarin staan helemaal geen politieke partijen, laat staan fracties. In de Grondwet staat ook nergens dat alleen Kamerleden van de oppositie de regering moeten controleren. Precies dat is wel je rol als Kamerlid: kritisch controleren of wat de regering doet goed is. Als Kamerlid heb je jaarlijks functioneringsgesprekken, wat eigenlijk een heel rare gang van zaken is in de Nederlandse politiek. Partijbesturen houden functioneringsgesprekken met Kamerleden om te kijken hoe het gaat en die gesprekken, de verslagen ervan en het uiteindelijke beoordelingsgesprek zijn vervolgens input voor wie er wel of niet op de lijst komt van een politieke partij. Het is verstandig om altijd goed bevriend te blijven met de partijvoorzitter en de provinciaal voorzitter, zullen we maar zeggen, want die hebben een grote stem in de lijst. Dit, in combinatie met het feit dat je als politicus allerlei dingen moet ondertekenen voordat je als kandidaat aan het werk kunt, gaat eigenlijk gewoon tegen de Grondwet in.

Vanaf het moment dat ik met die voorkeurscampagne begon ben ik dus mijn mandaat bij de kiezer gaan halen en ik heb sindsdien ook nooit meer wat anders gedaan. Ik nam mijzelf toen voor dat dit ook om een andere houding in de politiek zou vragen. Een houding die veel meer gericht is op de effecten van maatregelen voor individuele mensen. Deze manier van politiek bedrijven kost mij ontzettend veel tijd maar ik heb wel het gevoel dat het me steeds iets beter lukt om die verbinding te leggen tussen de gevolgen en de wetten zelf. Het klinkt raar, maar Tweede Kamerleden staan soms lichtjaren verwijderd van de gevolgen van de wetten die we zelf goedkeuren.

Het corruptieschandaal in de Raad van Europa

Je hebt in de afgelopen jaren met ten minste drie affaires te maken gehad die bepalend zijn geweest voor jouw huidige visie op Nederland en Europa. Laten we beginnen met het corruptieschandaal in de Raad van Europa, een van de belangrijkste Europese mensenrechteninstellingen. Wat gebeurde er?

De periode vanaf 2017 is voor mij een heel belangrijke geweest omdat ik door die affaires inderdaad haarscherp begon in te zien wat er mis is in de Nederlandse en Europese politiek. De eerste affaire, in de Raad van Europa, speelde al jaren, maar in 2018 hebben we ingegrepen.

In de Raad van Europa waren al een aantal jaren aanwijzingen dat Azerbeidzjan, en ook een aantal andere landen die een bedenkelijk niveau van mensenrechten hebben, parlementsleden van de Raad fêteerde en omkocht om besluiten van de

Raad van Europa te beïnvloeden. Er kwamen mensen op bij stemmingen die we eerder nooit zagen en er werden rapporten geschreven die niks te maken hadden met onze standaarden van mensenrechten. Natuurlijk kun je dingen soms op een verschillende manier bekijken als het om mensenrechten gaat. Zo ben ik er bijvoorbeeld voorstander van dat landen een verbod op de boerka kunnen instellen – een amendement dat ik overigens in 2010 heb verloren in de Raad van Europa. Maar je kunt natuurlijk ook tegen dat verbod zijn. Vanuit het perspectief van mensenrechten kun je beide kanten prima verdedigen, dat snap ik als politicus als geen ander. Maar dat een land als Azerbeidzjan binnen het parlement continu steun kreeg in dubieuze politieke kwesties was buitengewoon gênant. Parlementariërs schreven het ene na het andere rooskleurige rapport waarin verkiezingsfraude en vooral de politieke gevangenen gewoon onder het tapijt werden geveegd. De president van Azerbeidzjan, Ilham Aliyev, kocht deze parlementariërs met oliegeld om. Die corruptie zat heel diep in mijn eigen partij, de Europese Volkspartij (EVP), en concentreerde zich rondom West-Europese politici. Het ging dan om politici uit onder andere Zweden, België, Italië, Spanje en Duitsland – toch niet meteen de eerste landen waaraan je denkt als het om corruptie gaat.

Op een gegeven moment was het mij zo volkomen duidelijk dat ik wist dat het tijd was om actie te ondernemen en de foute praktijken van de verantwoordelijken boven tafel te krijgen. Ik nam contact op met de Duitse sociaaldemocraat Frank Schwabe en met Gerald Knaus, directeur van het European Stability Initiative (ESI), een Duitse denktank. Gerald is vooral heel bekend van de Turkijedeal. Hij had in twee rapporten vrij goed blootgelegd waar die corruptie binnen de parlementaire vergadering van de Raad nou precies zat en welke namen daarbij hoorden. Begin 2017 spraken we af in Maison Kammerzell, het oudste restaurant in Straatsburg. John Dalhuisen en Rita Patricio van Amnesty International waren aanwezig en nog een aantal andere politici van verschillende partijen. Het was duidelijk dat dit alleen met vereende krachten ergens toe kon leiden. We wisten dat we op heel veel weerstand zouden stuiten en mogelijk zelfs onze carrières op het spel zetten als we de corruptie in de Raad aan de kaak zouden stellen. Er moest dus een goed plan komen.

Hoe zag dat plan eruit?

Het plan was als volgt. Gerald en John wisten dat alleen een echt onafhankelijke externe commissie de serieuze aantijgingen moest onderzoeken. Frank en ik wisten dat wij onmiddellijk in conflict zouden komen met nogal wat invloedrijke leden van de Assemblee. We wilden er vervolgens voor zorgen dat we binnen 24 uur veel handtekeningen onder een motie zouden hebben zodat niemand ons kon negeren. Die avond stelden we dus een tekst op en binnen een dag hadden we al meer dan honderd handtekeningen. Uiteindelijk waren het er bijna tweehonderd en diende ik deze in.[4] Dit betrof dus de meest ondertekende resolutie of schriftelijke verklaring die ooit bij de Raad van Europa is ingediend.

Vanaf dat moment begon natuurlijk het duw- en trekwerk waarin het onderzoek moest plaatsvinden en onafhankelijk moest zijn. Uiteindelijk stemde het presidium in. De voorzitter van de Assemblee, Pedro Agramunt, beging vervolgens overigens een enorme misstap door in te gaan op een uitnodiging van de Russische delegatie om samen met hen in een Russisch regeringsvliegtuig op bezoek te gaan bij Bashar al-Assad. Nou, als je hoofd bent van de mensenrechtenwaakhond, de Parlementaire Assemblee van de Raad van Europa, en je gaat als privépersoon op bezoek bij Assad, dan heb je het niet helemaal goed begrepen. Gelukkig gaf hij daarmee ons de stok waarmee wij hem politiek konden slaan. Toen heb ik hem bij een regeling van werkzaamheden zo vaak ondervraagd en geïnterrumpeerd dat we een hoorzitting hebben afgedwongen waar hij, en twee andere leden die bij Assad op bezoek waren geweest, ondervraagd werd. We moesten het hard spelen, want we waren begonnen met een keiharde strijd en wisten dat hij een van de mensen was die zich niet aan de gedragscode gehouden had.

Jouw initiatief en optreden in deze hele kwestie zal je niet bepaald in dank zijn afgenomen door je collega's en leidinggevenden bij de Raad van Europa. Hoe hield je je staande in het hele gebeuren?

Op dat moment dacht ik dat dit het einde van mijn politieke carrière bij de Raad van Europa zou zijn. Ik wist immers dat ik het op zou moeten nemen tegen én de voorzitter van de Assemblee én een oud-fractievoorzitter van mijn eigen partij de EVP én de voorzitter van de commissie justitie, waar ik het meest actief in ben. Dus iedereen die hiërarchisch boven mij geplaatst was, stond onder die verdenking. En toch dacht ik: ik doe het. Stel dat ik uit de Raad van Europa had moeten vertrekken vanwege onwerkbare verhoudingen, dan zou ik dat weliswaar heel spijtig hebben gevonden maar dan had ik mijn politieke carrière gewoon in Den Haag kunnen voortzetten.

Natuurlijk waren mijn collega's woest op mij. Sommigen hebben nooit meer met mij gesproken en wilden me monddood maken. De voorzitter blokkeerde me op Twitter en zelfs mijn rapporten liepen schade op. Maar het onafhankelijke onderzoek kwam er en het rapport[5] was snoeihard: twaalf politici kregen een langdurige schorsing van de Raad van Europa, de maximale straf die ze konden krijgen. Pedro Agramunt, de voorzitter van de parlementaire vergadering, die werd gezien als de spil in de corrupte praktijken waarvan de Azeri's zich bedienden, was ondertussen na veel gedoe afgetreden. Daarnaast doen de autoriteiten in Italië, Duitsland en België op dit moment onderzoeken naar gekozen politici: er vindt ofwel een vooronderzoek plaats of ze worden al vervolgd. Zo is bijvoorbeeld de Italiaanse christendemocraat Luca Volontè, die 2,3 miljoen euro aannam van het regime van Aliyev, inmiddels in eigen land berecht voor corruptie. Hij kreeg vier jaar gevangenisstraf opgelegd in januari 2021. Hij was mijn directe collega, ik vertrouwde hem. Ook Alain Destexhe, oud-senator in België en oud-bestuurder van Artsen zonder Grenzen, nam onder druk snel afscheid van de Raad. Later werd hem de toegang tot de gebouwen van de Raad van Europa ontzegd. De Duitse justitie liet in 2020 een inval doen bij hem. De immuniteit van CDU-politica Karin Strenz is opgeheven en ze kreeg al een boete van 20.000 euro van de Duitse Bondsdag. Haar woning en kantoor zijn doorzocht in 2020.

Dat zijn dus allemaal oud-collega's van mij in de fractie of in de commissie justitie, waar ik deel van uitmaakte. Natuurlijk was het een heel grote stap om zodanig hard door te pakken dat dit het resultaat was, al was het uiteindelijk ook niet meer in mijn hand. Maar op het moment dat ik de stap zette om het onderzoek te beginnen, wist ik dat het zou kunnen leiden tot een justitieel onderzoek tegen mijn collega's. Ik heb toen heel hard doorgedrukt omdat ik vind dat als je miljoenen aanneemt om de politieke agenda van een dictatuur uit te voeren, je niet zo fraai bezig bent. Je hebt dan feitelijk geen andere keuze dan dit gevecht aan te gaan.

Welke invloed heeft dit schandaal op jouw politieke houding gehad?

Wat ik toen leerde is dat als je een principiële lijn kiest, daar trouw aan blijft en genoeg medestanders om je heen hebt, de kans bestaat dat je tot een oplossing komt. Er was ook maar één weg. Je zit daar met elkaar als waakhond van de mensenrechten. Als je collega's zich dan voor miljoenen laten omkopen door een van de drie landen die in Europa het slechtste trackrecord hebben op het gebied van mensenrechten, dan moet je wat doen. Doe je dat niet, dan houdt daarmee je geloofwaardigheid als mensenrechtenwaakhond op. Daarnaast ging dit ook mij persoonlijk aan: hoe kan ik geloofwaardig mijn werk doen in Europa, hoe kan ik geloofwaardig mijn onderzoeken doen naar klokkenluiders als er sprake is van corruptie in de Raad van Europa zelf, die juist hoort toe te zien op de democratie en de rechtsstaat?

Dit alles heeft een grote impact op de Raad van Europa gehad. Het is een van de grootste schandalen ooit die daar heeft plaatsgevonden maar we slaagden er wel in om een aantal rotte appels uit de politieke arena te krijgen. Dat gebeurt niet vaak, zeg ik er maar bij.

En persoonlijk zag ik dat corruptie en machtsmisbruik ook in je directe omgeving kunnen plaatsvinden terwijl je het niet onmiddellijk doorhebt.

De corruptie op Malta

In 2019 ben je namens de Raad van Europa naar Malta afgereisd om daar de staat van de rechtsstaat te onderzoeken. Aanleiding voor het onderzoek was de brute moord op de bekende Maltese journaliste Daphne Caruana Galizia. Voordat we het over je onderzoek gaan hebben: wie was Daphne Caruana Galizia en waarom werd zij vermoord?

Daphne Caruana Galizia was de beroemdste journalist van Malta met zowel een nationale als een internationale reputatie. Zij schreef zeer kritische blogs en columns over de corruptie onder politici en criminelen op Malta. Denk bijvoorbeeld aan omkoping en witwassen door ministers, aan paspoortzwendel en geldtransfers van de regering van Azerbeidzjan, de bouw van een nieuwe elektriciteitscentrale, waardoor de prijzen met meer dan de helft stegen, en ga zo maar door. Ze had een enorm scherpe pen en baseerde haar blogs op diepgravende onderzoeken die ze allemaal in haar eentje deed. Haar blogs werden door bijna heel Malta gelezen en leverden heftige weerstand bij de autoriteiten op: ze is tot tweemaal toe gearresteerd, de keel van haar hond werd doorgesneden, er was brandgesticht bij haar huis, ze werd achtervolgd op straat en de regering schreef vreselijke dingen over haar op Facebook. Er waren bovendien meer dan veertig smaadrechtszaken tegen haar gestart door politici en zakenlui, die ze overigens stuk voor stuk won. Ze was dus totaal niet veilig in haar omgeving.

In oktober 2017 is er een autobom in haar auto geplaatst, dicht bij haar woonplaats Il-Bidnija. Die bom is van een afstand tot ontploffing gebracht terwijl zij in de auto zat. Haar lichaam werd onherkenbaar verminkt in het veld naast haar huis aangetroffen. In voorgaande jaren waren er al meerdere autobomaanslagen geweest en er is toen nooit iemand veroordeeld. Ze dachten dus ook met deze moord weg te komen en dat was nou net de onderschatting: een van de lokale politieagenten had de FBI gebeld en die had binnen de kortste keren uitgezocht hoe de moord gepleegd was. Twee maanden later werden drie mannen gearresteerd in verband met de moord.

Hoe ben jij bij het onderzoek betrokken geraakt?

Een paar maanden na de moord op Caruana Galizia benaderden haar zoons mij in Straatsburg. Dat ze bij mij kwamen met de vraag of ik hen kon helpen is, denk ik, niet helemaal toevallig. Ik heb twee keer een onderzoek naar klokkenluiders gedaan, waaronder het onderzoek naar Edward Snowden. Overigens zijn de voorstellen voor deze twee onderzoeken uiteindelijk gebruikt als input voor wat straks wetgeving in Europa zal zijn over de bescherming van klokkenluiders. In januari 2018 ontmoette ik dus haar zonen: Paul, Matthew en Andrew. Heel indrukwekkend was dat, om die jongens te spreken. Het was duidelijk dat zij tot het einde van de aarde zouden gaan om duidelijk te maken wat er mis was met hun land. Zij wisten dat dit alleen zou lukken met druk vanuit Europa en namen dan ook onmiddellijk contact met mij op. Het gesprek heeft ertoe geleid dat ik wederom een voorstel heb gedaan aan de Raad van Europa om een rapport te schrijven, en dat voorstel is toen zeer breed ondertekend. Dat heeft ook te maken met eerdere gebeurtenissen die aan deze kwestie raakten. Je herinnert je misschien nog dat na de moord op journalisten in Slowakije en Malta half Europa op z'n kop stond. De moord op Caruana Galizia lag hierdoor extra gevoelig.

Ik ben toen dus benoemd tot speciaal rapporteur op een rapport over de aanslag op Daphne Caruana Galizia en de rechtsstaat in Malta. Namens de Parlementaire Assemblee kreeg ik de bevoegdheid om ook vertrouwelijke informatie in te winnen zonder de naam van de bron te hoeven vermelden. Dat hadden ze eigenlijk maar één keer eerder gedaan, namelijk tijdens het onderzoek van Dick Marty naar de CIA-vluchten in 2003, die naar geheime gevangenissen in onder andere Polen gingen. Het moordonderzoek zelf deed ik natuurlijk niet want daar was de Maltese justitie mee bezig. Het was al vrij snel duidelijk dat het moordonderzoek problematisch was, omdat de moord was terug te leiden tot mensen die in hoge posities verkeerden. Het tweede deel van mijn onderzoek was het belangrijkste, namelijk over de vraag hoe het met de rechtsstaat in Malta gesteld was.

Uit jouw onderzoek voor de Raad van Europa kwam naar voren dat er sprake was van belangenverstrengeling tot in de hoogste politieke kringen en van financiële malversaties – misstanden die je nou niet direct verwacht in een moderne Europese rechtsstaat. Hoe had dit zover kunnen komen?

Malta heeft nog een oud-koloniaal stelsel, het was een kolonie van het Verenigd Koninkrijk. Eigenlijk is de minister-president gewoon de gouverneur-generaal van Malta. Daar zitten dus te weinig checks-and-balances omheen. Daarnaast is Malta qua inwoners niet groter dan een stad als Den Haag. Al die bestuurders zijn naar dezelfde scholen en universiteiten geweest, iedereen kent elkaar. Dat maakt een land op zich al heel kwetsbaar. De reden dat het helemaal mis kon gaan in Malta is omdat de chef-staf niet zuiver op de graat was. Daardoor had de minister-president, Joseph Muscat, invloed op alles en iedereen. Het hele staatssysteem was rondom hem heen gebouwd en alle instituties waren met zichtbare en onzichtbare banden van vriendschap, partijloyaliteit en vriendjespolitiek met elkaar verbonden. Dus op het moment dat er rot in dat systeem komt, gaat die rot ook naar de benoeming van de rechters toe.

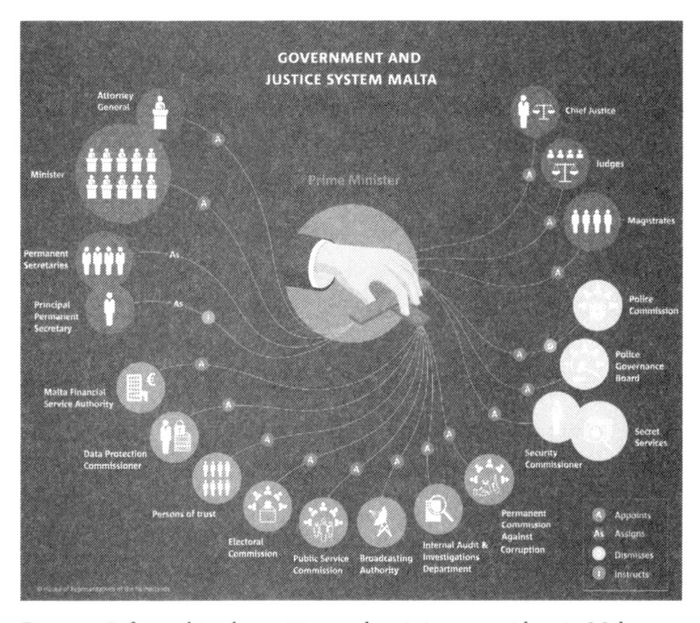

Figuur 1. Infographic: de positie van de minister-president in Malta

Nadat we dit allemaal in een uitgebreid rapport in kaart hadden gebracht, hebben we de Venetiëcommissie van de Raad van Europa – waar meer dan vijftig landen bij zijn aangesloten – om een opinie gevraagd. Toen het rapport[6] in juni 2019 gepubliceerd werd, lag dus duidelijk op tafel dat de minister-president in Malta zich kon bemoeien met de benoemingen van rechters. Daarnaast was hij rechtstreeks verantwoordelijk voor de benoeming van allerhande toezichthouders, van hoofden van departementen, van de politiecommissaris en natuurlijk van ministers. Ook was hij verantwoordelijk voor de geheime diensten. Vergeet niet dat in Nederland niet de minister-president maar de ministers van Binnenlandse Zaken en van Defensie verantwoordelijk zijn voor de geheime dienst. Daar is natuurlijk een goede reden voor want zo is er spreiding van macht en is er tegenmacht.

De minister-president van Malta had bovendien totale invloed over het parlementaire stelsel. Dat was mogelijk omdat het een relatief klein parlement betrof, bestaande uit één Kamer. Dit parlement, dat de regering moet controleren, bestaat uit 67 leden. 37 hiervan behoren tot de regeringspartij en van deze 37 leden is het merendeel tegelijkertijd minister en controleert dus zichzelf. De overige leden van de regeringsfractie hebben bijna allemaal een goedbetaalde baan in dienst van de regering, niet zelden in de rol van 'onafhankelijk' toezichthouder. Je begrijpt dat de kans dat je dan een motie van wantrouwen aanneemt niet heel groot is. De oppositie was ook al niet bepaald in een goede vorm. Er was geen effectieve tegenmacht vanuit een effectieve oppositie. Zo krijg je wel een beetje een beeld van de situatie, denk ik.

Malta is maar een klein land. Wat betekent het disfunctioneren van Malta in de context van Europa en de EU?

Dat de rechtsstaat in Malta totaal niet functioneert heeft natuurlijk een belangrijk effect op de rest van Europa. Het is niet per ongeluk dat bijna alle gokwebsites in Malta zijn gevestigd. Het toezicht is daar immers bepaald niet grondig. Malta is het enige land waar een bank door de ECB gesloten is. Maar vergeet niet, Malta is een onderdeel van de Europese Unie. Mensen die een paspoort in Malta kopen, kunnen in de hele EU wonen. Maltese banken en goksites kunnen in de hele EU hun diensten aanbieden. De EU is zo sterk als de zwakste schakel, ook bij lokaal toezicht.

Bij de moord op Caruana Galizia bleken uiteindelijk verschillende kabinetsleden betrokken te zijn, waaronder de kabinetschef en de beste vriend van de premier. Het verklaart ook de ongekende tegenstand die je tijdens het onderzoek ondervond. Vertel.

Het ging er snoeihard aan toe in dat onderzoek. Ik werd de eerste parlementariër in de geschiedenis van de Raad van Europa die een motie van wantrouwen aan z'n broek kreeg vanuit de Europese delegatie – een motie waar overigens maar één persoon, namens Malta uiteraard, vóór stemde en een stuk of dertig tegen. Mijn Wikipedia-pagina werd veranderd en besmeurd met leugens. En wat er allemaal in de Maltese pers over mij verteld werd, daar lusten de honden echt geen brood van. De minister-president vond het op een gegeven moment nodig om in de krant te vertellen dat hij het vertrouwen in mij opzegde omdat ik niet deugde. Die krantenkop heb ik nog steeds boven mijn Twitter-account staan want ik wist precies wie er van ons beiden niet deugde, en dat was niet ik.

Uiteindelijk was één actie uit het rapport cruciaal, namelijk dat we Malta gedwongen hebben om binnen drie maanden een eigen en onafhankelijk onderzoek door Maltezers te laten starten waar getuigen onder ede gehoord konden worden. Tegen dat onderzoek was enorme weerstand vanuit de regering maar omdat ik iedereen nog achter me had staan is dat uiteindelijk wel doorgezet. Daar was ik blij om want ook instituties als de Europese Commissie hebben vaak slappe knieën als het erop aankomt.

Dat onafhankelijke onderzoek werd geleid door drie zeer ervaren rechters en oud-rechters en leverde buitengewoon waardevolle informatie op. Verschillende mensen, waaronder ministers, moesten daar dus onder ede getuigen. Dit legde zo veel rotzooi bloot in Malta dat de regering echt van alles geprobeerd heeft om het onderzoek te stoppen dan wel er geen geld meer voor beschikbaar te stellen. Maar het wás feitelijk niet meer te stoppen. Het was niet ik maar de Maltese commissie zelf die nu heel veel boven tafel kreeg. De dingen die ik in het rapport had opgeschreven kwamen nu via die verhoren opnieuw naar buiten. Dat belang van zo'n onafhankelijk onderzoek en het horen van getuigen onder ede, dat werd mij toen wel heel snel duidelijk. Bedenk dat dit gebeurde uit naam van de regering door mensen die niet langer beïnvloed konden worden door de regering, bijvoorbeeld omdat zij oud-rechter waren. De eerste poging tot het instellen van een onafhankelijk onderzoek werd overigens nog wel enorm gedwarsboomd door de regering, want de eerste benoemingen die ze wilden doen, betroffen natuurlijk mensen die niet onafhankelijk waren. Het spel is dus behoorlijk hard gespeeld.

Je hebt kortom een aantal serieuze vijanden gemaakt in de loop van het onderzoek. In hoeverre moest je vrezen voor je eigen veiligheid?

Of ik me veilig voelde is een vraag die ik mezelf tijdens het onderzoek niet heb gesteld. Toen ik met het onderzoek begon had ik met een buitengewoon vijandige regering te maken. De minister-president beschouwde mij al snel als zijn persoonlijke vijand. Ik ben twee keer naar Malta geweest en dat gebeurde onder beveiliging. Dit werd overigens bepaald door de Nederlandse staat, niet door mijzelf. De Maltese autoriteiten hebben toen zelf de beveiliging geregeld, daar stonden ze op. Het betekende dat ik altijd minstens twee mensen bij me had als ik van de ene naar de andere locatie ging. Die personen werden benoemd door de premier, dus hoe veilig dat nou eigenlijk was valt nog te betwijfelen. Ik denk dat de belangrijkste beveiliging mijn internationale status was. Als mij iets zou gebeuren zou de Maltese overheid daar rechtstreeks verantwoordelijk voor zijn geweest en zou het opnieuw tot een groot internationaal schandaal leiden. Dat kon Malta zich natuurlijk niet een tweede keer permitteren.

De minister-president is inmiddels afgetreden. Welke concrete resultaten heeft het onderzoek verder nog gehad? Is de situatie op Malta inmiddels al wat verbeterd?

Joseph Muscat is inderdaad onder grote druk van de publieke opinie en als gevolg van grote protesten afgetreden en ook alle ministers die geweigerd hebben om mij te ontmoeten zijn inmiddels allemaal afgetreden door de schandalen. Natuurlijk had ik geen dwangmiddelen tot mijn beschikking om hen te kunnen ontmoeten maar ik schreef alles wel netjes op en het waren allemaal mensen die iets te verbergen hadden. Door het onderzoek, en door de protesten die na die onthullingen uitbraken, is nu dus de gehele regering van Muscat afgetreden en is er inmiddels een opvolger aangesteld. Ook is er iemand opgepakt die ervan verdacht wordt dat hij het brein was achter de moord. De opdrachtgever dus, want de uitvoerders hadden ze vrij snel te pakken. Die opdrachtgever was echt buitengewoon nauw betrokken bij de hele top van de regering. De minister-president stuurde hem tot op het laatste moment constant appjes, nodigde hem uit op privéfeestjes en gaf hem dure flessen wijn. Dan moet je niet denken aan zomaar een goede fles wijn, maar aan een Chateau Pétrus van tienduizend euro.

Dit kon dus allemaal gebeuren in een Europees land dat alle instituties en wetten heeft van een democratische rechtsstaat. Hoe goed het er op papier ook uitziet, er blijft niets van over als de geest ervan met voeten wordt getreden. De waarheid komt nu langzaam maar zeker boven tafel en hoewel we inmiddels alweer drie jaar verder zijn – mijn mandaat is op 26 december jl. afgelopen – heb ik goede hoop dat het ergens toe gaat leiden. Het is essentieel dat je de waarheid boven tafel krijgt voordat je een stukje staatsbestel kunt schoonmaken. Wat ik van het onderzoek in Malta leerde, is hoe je in de top van een land de weg volledig kwijt kunt raken.

Dat had ik eerder al gezien bij mijn onderzoeken[7] in IJsland en Oekraïne, waar ik onderzoek had gedaan naar hoe politici na schandalen berecht waren. Dit was de derde keer dat ik het meemaakte. Dat besef groeide bij mij heel langzaam: hoe ernstig een land door z'n hoeven kan gaan, ook in West-Europese landen die wij als heel netjes beschouwen. Het laat zien dat tegenmacht absoluut essentieel is. En dat wetten op papier zeker niet voldoen. Ook leerde ik buitengewoon moedige mensen kennen die onder grote dreiging toch voor hun eigen land blijven vechten.

IJsland en Oekraïne: zijn die op dit punt wel op één lijn te plaatsen?

IJsland beschouwen wij inderdaad als een heel net West-Europees land terwijl er bij Oekraïne natuurlijk altijd wel de nodige twijfels zijn geweest over hoe een en ander daar verloopt. In IJsland heb ik onderzoek gedaan nadat het bankenstelsel daar in elkaar gestort was. Het parlement van IJsland, de Althingi, zette een speciale rechtbank op, de Landsdomur, die de voormalige minister-president Geir Haarde veroordeelde omdat hij de naderende ineenstorting van het bankenstelsel niet formeel op de agenda van de ministerraad had geplaatst. Hij kreeg geen straf. Maar zelfs dit proces had aanzienlijke tekortkomingen. De cultuur daar is niet te vergelijken met die van Malta en Oekraïne, alleen al op het punt van controle. Als ik je vertel over die onderzoeken in Oekraïne... Het was net alsof ik in een speelfilm uit de jaren zeventig terechtkwam toen ik daar de gevangenis binnenliep. Ik werd daar in een bewaakte escorte naar de gevangenis gereden, helemaal aan de grens met Wit-Rusland. Op dat moment was het bijna gemakkelijker om achter de tralies met de voormalige regering te spreken dan voor de tralies want meerderen van hen waren opgepakt. Het was dus een manier van politieke afrekening die daarachter zat. Oud-minister Yuri Lutsenko, die ik daar toen bezocht, werd later overigens de hoogste openbare aanklager in Oekraïne.

De affaire in de Raad van Europa en jouw ervaringen in IJsland, Oekraïne en op Malta hebben je uiteindelijk ook laten inzien wat er mis is met de rechtsstaat in Nederland. Op welke manier?

Die ervaringen in het buitenland hebben mijn visie op het functioneren van de rechtsstaat in Nederland inderdaad ingrijpend veranderd. Ik geloofde altijd dat wij ons hier in Nederland niet echt zorgen hoefden te maken en dat onze rechtsstaat naar behoren functioneert. En dat komt, omdat op papier alles klopt. Normaal gesproken vallen bepaalde ideeën – het besef dat iets zodanig mis kan zijn dat het raakt aan de kern van de rechtsstaat – buiten je voorstellingsvermogen. Maar omdat ik het in andere landen had meegemaakt, wist ik dat dit ook hier kon gebeuren. In Malta was het heel duidelijk dat wetten, en op papier onafhankelijke instituties, niet voldoende zijn om een rechtsstaat te garanderen. Dat instituties niet altijd functioneren bleek dus ook toen hier het kinderopvangtoeslagenschandaal aan het licht kwam. Ik had die ervaringen in het buitenland misschien wel nodig om te begrijpen dat je moet doorvragen, dat je niet moet opgeven, ook als je ontzettend veel tegenstand ontmoet. En dat je niet meteen hoeft te denken dat iets niet waar kan zijn, omdat het te absurd lijkt.

Stapje voor stapje kwam de waarheid boven tafel voor mij. Niet alleen bleek binnen de Belastingdienst de rechtsstatelijkheid ver te zoeken, ook bleek dat het systeem van checks-and-balances in Nederland volstrekt niet functioneert. Zoals ook de parlementaire ondervragingscommissie in haar rapport van

17 december 2020 constateerde, zijn bij de uitvoering van de kinderopvangtoeslag de grondbeginselen van de rechtsstaat geschonden.

Datgene wat ik in Malta gezien had kwam ik nu dus op een andere manier ook in Nederland tegen. Zo'n moord op een journalist is uitzonderlijk, maar bepaalde mechanismes zijn zeker vergelijkbaar, waaronder het uitschakelen van de tegenmacht, het niet verschaffen van informatie aan de Kamer, het gebrek aan onafhankelijk onderzoek. En enorme weerstand. Maar ja, weerstand zie ik vaak maar als een teken dat er iets heel erg mis is, want anders zou iemand de stukken wel open op tafel leggen.

Het kinderopvangtoeslagenschandaal bij de Belastingdienst

Je bent een van de grote aanjagers geweest van wat uiteindelijk is uitgegroeid tot het grootste Nederlandse politieke schandaal van het afgelopen decennium. Hoe kwam de kinderopvangtoeslagenaffaire aan het licht?

Het begon allemaal in 2014. Toen kreeg advocaat Eva González Pérez van haar man, Ahmet Gökçe, te horen dat alle 157 klanten van het gastouderbureau dat hij beheerde een brief hadden ontvangen van de Belastingdienst dat hun kinderopvangtoeslag was stopgezet. In die brief werd verder geen reden voor de stopzetting opgegeven maar die ouders moesten allemaal wel de toeslag die zij in voorgaande jaren hadden ontvangen in één keer terugbetalen. Een betalingsregeling werd dus niet aangeboden. Later bleek dat nog veel meer ouders zo'n brief hadden ontvangen. González Pérez is die ouders toen gaan helpen bij het indienen van bezwaren. Ze stuitte van meet af aan op enorm veel weerstand bij de Belastingdienst, die haar en haar cliënten weigerde serieus te nemen en ook geen telefonische opheldering gaf over de stopzettingen. Pas jaren later werd duidelijk dat de medewerkers van de Belastingdienst expliciet de instructie hadden gekregen om geen inhoudelijke informatie te geven. Het was dus bewust beleid. Ondertussen kwamen duizenden ouders diep in de schulden terecht. Maar daar kwam ik pas veel later achter.

De bezwaren van die ouders werden stuk voor stuk afgewezen. In 2015 is González Pérez naar de ombudsman gestapt, die een onafhankelijk onderzoek instelde. Pas in het najaar van 2017 kwam dat onderzoek naar buiten met de conclusie dat de Belastingdienst fout zat. In het voorjaar van 2017 heeft González Pérez contact met mij opgenomen, omdat ze wist dat ik vaker kritisch ben geweest op de Belastingdienst. Niet veel later zijn ook Renske Leijten van de SP en de journalisten Jan Kleinnijenhuis van *Trouw* en Pieter Klein van *RTL Nieuws* zich heel intensief met de kwestie gaan bezighouden. Die samenwerking tussen ons is cruciaal geweest om de misstanden in de jaren die volgden boven tafel te krijgen. Pas in 2019 werd, na eindeloos doorvragen, duidelijk dat er ruim 25.000 ouders op een vergelijkbare manier getroffen waren en dat er dus vele duizenden gezinnen onterecht volledig in de knel zijn gekomen door een falende overheid en ook deels slechte wetgeving.

Je kunt niet voorkomen dat er ook fraudeurs actief zijn die proberen illegaal toeslagen te innen. Zo bleek in 2006/2007 dat er veel fraudegevallen waren bij de kinderopvangtoeslag. Verschillende criminele organisaties inden die toeslagen en sluisden die soms weg naar het buitenland. Ook waren er toen enkele gastouderbureaus en kinderopvanginstellingen die er malafide praktijken op na hielden. Daarom controleert de Belastingdienst sindsdien streng.

Wat begon met streng controleren is dus compleet uit de hand gelopen. Hoe heeft het zover kunnen komen? Waar ging het mis?

In Nederland heeft een groot aantal mensen recht op toeslagen die de Belastingdienst uitkeert, onder andere ouders die van de kinderopvang gebruikmaken. De wetgeving, waarvoor wij medeverantwoordelijk zijn, liet te veel ruimte en verantwoordelijkheid bij burgers. Al vanaf ongeveer 2009/2010 is de Belastingdienst begonnen met het bestrijden van wat zij zagen als malafide kinderopvanginstellingen. Daarbij werden niet de bureaus aangepakt, maar de ouders. Hun toeslag werd stopgezet. Wanneer er sprake is van een onrechtmatig gebruik en fraude moet de kinderopvangtoeslag worden terugbetaald.

In theorie leek het allemaal prima geregeld maar in de praktijk ging het dus vreselijk mis. De Belastingdienst heeft meer dan tien jaar lang vaak op onschuldige burgers gejaagd. Zij moesten de toeslag van jaren terugbetalen. Ook mensen die een kleine administratieve fout hadden gemaakt, zoals een ontbrekende handtekening op een contract of een fout van zeg 100 euro, moesten een heel jaar kinderopvangtoeslag terugbetalen, vaak wel 10.000 euro of meer.

En de Belastingdienst hield illegaal zwarte lijsten bij van mensen die hij als fraudeur bestempeld had. Er stonden honderdduizenden namen op. Of zij ook fraudeur waren? In een steekproef kon in 94 procent van de gevallen niet vastgesteld worden dat zij fraudeur waren. Maar het stempeltje van fraudeur achtervolgde deze mensen bij elke overheidsinstelling waarmee zij zaken-deden.

Je hebt inmiddels veel ouders gesproken. Welke impact had dit alles op hen?

De verhalen van de gedupeerde ouders zijn buitengewoon schrijnend. De woede, schaamte en vernedering zijn enorm. Deze mensen hadden een huis, een baan, een gezin. Hun levens zijn compleet verwoest. Ouders met een modaal inkomen werden gesommeerd om tienduizenden euro's terug te betalen. Vaak lukte dat niet met als gevolg dat er loonbeslag werd gelegd en dat auto's in beslag werden genomen. Veel ouders kregen last van depressies en andere psychische problemen door de continue ellende en stress. Velen zijn hun huis, baan, huwelijk en gezondheid kwijtgeraakt. Door de financiële en sociale problemen waren zij soms niet eens meer in staat om voor hun eigen kinderen te zorgen en moesten deze kinderen uit huis worden geplaatst. En dit ten onrechte want deze ouders hadden niks fout gedaan of hooguit een kleine vergissing begaan – van fraude was bij hen geen sprake.

Als deze ouders bezwaar indienden, moesten ze soms twee jaar lang wachten, veel langer dan wettelijk is toegestaan. Ze waren dan inmiddels volledig kapot, want ze konden geen kant op. Wanneer ze dan uiteindelijk in beroep gingen bij de rechtbank leverde de Belastingdienst bewust onvolledige dossiers bij de rechtbank aan. Dat was officieel beleid, vastgelegd door de Belastingdienst. Dat is dus echt een ernstige schending van de rechtsstaat. Daar komt nog bij dat de rechtbank en de Afdeling Bestuursrechtspraak van de Raad van State er elke keer van uit zijn gegaan dat niet de burger, maar de Belastingdienst altijd de waarheid sprak. Van rechtsbescherming blijft natuurlijk niets meer over als de rechter er voetstoots van uitgaat dat de tegenpartij, de overheid, de waarheid spreekt.

Uit het onderzoek van Reinier van Zutphen, de nationale ombudsman, kwam naar voren dat de Belastingdienst voor een onevenredig harde aanpak had gekozen. Wat gebeurde er met zijn rapport?

Het onderzoek van de nationale ombudsman was weinig effectief. In 2017 publiceerde hij een vernietigend rapport met snoeiharde conclusies: de aanpak van de Belastingdienst was onevenredig hard geweest, ouders waren in de financiële problemen gebracht en hun vertrouwen was geschonden. In dat rapport werd aan de Belastingdienst aanbevolen om excuses te maken en een tegemoetkoming aan te bieden voor het aangedane leed. Dat laatste is uitzonderlijk. Die aanbeveling werd uiteindelijk niet opgevolgd en de ombudsman liet het er toen eigenlijk bij zitten. De hoogste bestuursrechter, de Afdeling Bestuursrechtspraak van de Raad van State, ging heel lang mee met alles wat de Belastingdienst deed. Pas heel laat – eind oktober 2019 – hadden de rechters door dat de Belastingdienst zelf zich niet aan de wetten hield.

Typisch Nederlands is dat er dan zogenaamd onafhankelijke adviescommissies worden opgezet. De toenmalige staatssecretaris van Financiën, Menno Snel, stelde een adviescommissie in onder leiding van Piet Hein Donner. Ook Jetta Klijnsma werd gevraagd om zitting in deze commissie te nemen. Zij moesten dus advies uit gaan brengen over de toeslagenaffaire. Ik kan je zeggen: een commissie met Donner en Klijnsma is nou niet bepaald onafhankelijk te noemen. Donner was de oud-vicevoorzitter van de Raad van State tijdens wiens periode geadviseerd was over wijzigingen in deze wet. Klijnsma was oud-staatssecretaris van Sociale Zaken toen de minister van Sociale Zaken verantwoordelijk was voor de kinderopvangtoeslag. Dat nu juist zij deel van deze commissie uitmaakten kon dus gebeuren omdat in Nederland de regering altijd haar eigen adviescommissies instelt. De regering geeft kortom opdracht hoe zij zichzelf moet onderzoeken, hoe onafhankelijk is dat? Ik kan me nog herinneren dat ik Menno Snel opbelde om aan te geven dat ik dit geen goede commissie vond en toch werd deze gewoon benoemd. De commissie-Donner gaf de ouders uiteindelijk wel enigszins gelijk, maar vermeed de conclusie dat de overheid onrechtmatig had gehandeld. Zij hebben dus niet de volledige waarheid boven tafel gekregen. En Donner ging vervolgens wel bij *Nieuwsuur* het rapport toelichten maar wilde niet openbaar in de Tweede Kamer uitleg geven.

Wat we dus zagen is dat de Belastingdienst niet functioneerde, de regering niet functioneerde en dat de regering haar eigen adviezen inwon en, zo blijkt nu, alle lastige dingen uit het advies wegredeneerde. Uit de openbare verhoren van de Parlementaire Ondervragingscommissie Kinderopvangtoeslag (POK) die in november 2020 plaatsvonden, blijkt dat de regering meer bezig is geweest met bewindspersonen in het zadel te houden dan met het lot van de gedupeerden of het voorkomen van verdere problemen. Dat is dus een ongekende schending van de rechtsstaat.

Zoals dat ook bij eerdere affaires het geval was ondervond je tijdens je onderzoek veel tegenstand bij de regering. Om welke vormen van tegenstand ging het dan bijvoorbeeld?

Die tegenstand was heel heftig: de regering heeft van alles over mij in de ministerraad gezegd waarvan ik nog steeds niet mag weten wát precies, maar ze had het wel over mij en over mijn collega's als probleem. Nou, het probleem lag toch bij de Belastingdienst. Bewindspersonen belden mij regelmatig en waren ontstemd over vragen die ik had gesteld. Leuk was dat niet maar ik heb me er maar niet door van de wijs laten brengen. Op een gegeven moment ben ik dat maar gaan omkeren. Iedere keer dat ze mij belden kregen ze per ommegaande een setje zeer feitelijke Kamervragen. Ik was er echt zo klaar mee. Bovendien kregen wij nooit de documenten waar we om vroegen. Het gevolg was dat wij heel lang niet wisten of de zogeheten CAF 11-zaak – het dossier van Eva González Pérez waarmee het allemaal begon – een incident was of dat er meerdere zaken waren. In de stukken staat nu dat het beleid was om ons niets te vertellen over de andere CAF-zaken. Daardoor duurde het lang en hadden we tips nodig om erachter te komen dat het om een veel groter schandaal ging.

In 2019 hebben we een interne, vertrouwelijke notitie opgevraagd over ambtsmisdrijven van ambtenaren en politici. Zoals je weet heb ik eerder onderzoek gedaan naar politici en strafrecht. Ik wist: het is een mogelijkheid dat politici en ambtenaren strafrechtelijk fouten maken. Alleen al om het feit dat wij om die notitie gevraagd hadden is er een speciale procedurevergadering bij elkaar geroepen op 2 december 2019 waarin men collega-Kamerleden Renske Leijten, Farid Azarkan en mij publiekelijk wilde laten berispen omdat we dit niet hadden mogen vragen. Als dat gebeurd was, dan was het voor ons veel moeilijker geweest het onderzoek door te zetten. Achteraf bleek dat de hoogste baas van het ministerie van Financiën daarvoor al onderkend had dat er mogelijk ambtsmisdrijven gepleegd waren. Al die tijd wist de Belastingdienst dat, had hij stukken achtergehouden en al die tijd zuchtten de ouders onder dwangvorderingen. Want de discussies achter de schermen gingen over de problemen van iedereen, behalve die van de ouders.

Behalve de ombudsman wisten ook de andere instituties de heksenjacht op goedwillende burgers niet te voorkomen. Zo is bijvoorbeeld het bestaan van zwarte lijsten bij de Belastingdienst, en het geheimhouden hiervan, in strijd met de privacywetgeving. Waarom greep de Autoriteit Persoonsgegevens niet in, die toezicht dient te houden op de naleving van die wetgeving?

De Autoriteit Persoonsgegevens heeft inderdaad nooit ingegrepen bij de Belastingdienst, terwijl die laatste op een orwelliaanse manier de Algemene Verordening Gegevensbescherming (AVG) op z'n kop heeft gezet. Er is nog altijd geen verwerkingsregister van de persoonsgegevens en dus kan de Belastingdienst nog steeds niet vertellen welke gegevens ze precies van mensen registreren. Daarom kon hij ook zwarte lijsten bijhouden met honderdduizenden namen erop waar op een gegeven moment duizenden ambtenaren toegang toe hadden. En daarom kon hij mensen illegaal bestempelen als fraudeur met alle rechtsgevolgen van dien, zonder dat dit aan de ouders zelf meegedeeld werd. Dit etiket 'fraudeur' – wat deze mensen dus in 94 procent van de gevallen niet waren – werd vervolgens aan iedereen doorgegeven: aan de woningbouwcorporatie, waardoor de ouders geen nieuwe woning kregen, aan de werkgever, waardoor zij hun baan verloren, en ga zo maar door. Toen gemeentes de gedupeerden wilden helpen, zei de Belastingdienst dat zij de gegevens van de gedupeerden niet mocht doorgeven volgens de AVG.

De wetten die dus bedoeld waren ter bescherming van de burger zijn misbruikt om de overheid en de Belastingdienst zelf te beschermen. Dat is een schande en kan echt niet in een rechtsstaat. Maar kennelijk durfde noch de rechter noch de autoriteit Persoonsgegevens de Belastingdienst op de vingers te tikken. Wel legde de Autoriteit Persoonsgegevens de afgelopen jaren een boete op aan het BKR voor een al opgelost probleem en waren amateurclubs heel druk om voor elke elftalfoto toestemming te vragen aan ouders en spelers. De Autoriteit Persoonsgegevens richt zich op allerhande kleine overtredingen maar de Belastingdienst heeft na jarenlang liegen en de wet overtreden nog geen boete en zelfs geen dwangsom gekregen. De Belastingdienst, een heel machtige organisatie in de staat, lijkt ergens boven de wet te staan.

Daarnaast had ook een deel van de pers te laat oog voor de ouders, op *Trouw* en RTL *Nieuws* na. Sommigen volgden lange tijd bijna blind de communicatielijn van de Belastingdienst.

Er zijn dus tienduizenden ouders zwaar benadeeld en jarenlang hebben politiek, pers maar ook belangenclubs – die geen stevige kritiek durven uiten omdat ze staatsafhankelijk zijn – niet ingegrepen.

In het eindrapport van de Parlementaire Ondervragingscommissie wordt geconcludeerd dat de gedupeerden ongekend on-

recht is aangedaan. 'Dit raakt alle Nederlanders,' zei commissievoorzitter Chris van Dam. Kun je die uitspraak toelichten?

Bij de uitvoering van de kinderopvangtoeslagen zijn grondbeginselen van de rechtsstaat geschonden. De Belastingdienst functioneerde niet en de rechterlijke macht bood niet adequaat bescherming. Deze twee instituties hebben in een staat zeer bijzondere verantwoordelijkheden en bevoegdheden en die kun je in een rechtsstaat alleen uitoefenen als dat op een zuivere manier gebeurt. Is dat niet het geval, dan zit er rot in de kern van je rechtsstaat. Die rot is nu in het rapport 'Ongekend onrecht' naar boven gekomen door jarenlang spitwerk. Het nare is dus dat dit alleen via heel kleine stapjes aan het licht kon komen. Elke keer als we weer een klein stapje namen, als we bijvoorbeeld de mogelijkheid van ambtsmisdrijven ter sprake brachten, dan werd er een poging gedaan om ons tegen te werken. Terwijl nota bene door de regering zelf even later aangifte werd gedaan vanwege ambtsmisdrijven. Hier kwam bij dat er bij herhaling sprake was van ontijdige, onvolledige en onjuiste informatie aan de Kamer, waardoor we ook geen grote stappen konden maken.

Nu het rapport er is krijgen de gedupeerde ouders eindelijk de erkenning waar ze recht op hebben. Dat is al heel wat, maar we zijn er nog niet. Talloze signalen zijn al die tijd door de politieke en ambtelijke top genegeerd, ook toen het toeslagenschandaal al in volle omvang duidelijk werd. De persoonlijke schade is enorm en het vertrouwen in de overheid is onder grote delen van de bevolking ernstig beschadigd. Gewoon op dezelfde manier doorgaan, met een commissie hier en een compensatie daar, gaat de maatschappelijke vrede niet herstellen. Al denkt een groot deel van de politiek en bestuurlijke elite dat dit prima mogelijk is. Zij onderschatten de omvang van de frustratie en onmacht die bij grote delen van de bevolking ervaren wordt. Die sluimerende onvrede kan heel gevaarlijk zijn. Het is van groot belang dat het vertrouwen hersteld wordt en dat vraagt om een nieuwe manier waarop overheid, bedrijfsleven en samenleving zich tot elkaar verhouden. Want dit is niet de enige plek waar het gebeurt. In Groningen heeft de overheid het eveneens ernstig laten afweten. Als we niks veranderen zullen dit soort schandalen, waarbij burgers ernstig getroffen worden, elkaar blijven opvolgen.

Het is tijd voor een nieuw sociaal contract?

Ja! Wat het kinderopvangtoeslagenschandaal heeft laten zien, is dat er grote problemen zijn met macht en tegenmacht in Nederland. De mechanismen van de rechtsstaat functioneerden totaal niet. Herstel van het vertrouwen kan alleen als zowel burgers als overheid zich ervan bewust zijn dat hun onderlinge verhouding is gebaseerd op een impliciete afspraak, op een sociaal contract. Wat nodig is om het vertrouwen te herstellen en de maatschappelijke vrede te behouden is een vernieuwing van dit sociaal contract. Dat is zeker niet eenvoudig. Het betekent dat we instituties moeten herbouwen door checks-and-balances te herstellen. Het vraagt ook om een andere houding, een andere mentaliteit, van de overheid én van de burgers zelf. Dat kan natuurlijk niet via één simpele maatregel en het kost ook de nodige tijd. Het is het opnieuw weven, opnieuw kalibreren van de rechtsstaat. Met dit boek wil ik een aantal voorstellen doen voor dat proces.

Naschrift

Op 14 januari 2021 heeft Lodewijk Asscher zich naar aanleiding van de kinderopvangtoeslagenaffaire teruggetrokken als lijsttrekker van de PvdA. Een dag later, op 15 januari, is het kabinet-Rutte III afgetreden vanwege de fouten die zijn gemaakt in de kinderopvangtoeslagenaffaire. Minister Eric Wiebes (Economische Zaken, VVD) heeft diezelfde dag zijn functie neergelegd.

DEEL II

Europa

Het einde van de geschiedenis?

In 1989 verdedigde de Amerikaanse politicoloog en filosoof Francis Fukuyama zijn inmiddels beroemde stelling dat het einde van de Koude Oorlog meteen ook 'het einde van de geschiedenis' markeerde.[1] Hiermee bedoelde hij dat de strijd tussen de verschillende organisatievormen waarmee de maatschappij kan worden ingericht ten einde was gekomen. Na een lange en bittere strijd te hebben geleverd tegen dictaturen en tegen het wereldcommunisme, waren de liberale democratieën – zo stelde hij vast – als onbetwistbare overwinnaars uit de bus gekomen. Voor Fukuyama was dit het definitieve bewijs dat de liberale democratie de sterkste en meest aantrekkelijke organisatievorm is. Hij was er dan ook van overtuigd dat deze regeringsvorm zich in snel tempo over de hele wereld zou verspreiden en handhaven. Kortom: het einde van de geschiedenis was een feit.

Van de golf aan euforische reacties die Fukuyama's boek aanvankelijk opriep, is inmiddels weinig overgebleven. Zijn visioen van het 'einde van de geschiedenis' heeft plaatsgemaakt voor het besef dat de democratische rechtsstaat juist in toenemende mate kwetsbaarder is geworden. Niet alleen loopt het aantal landen in de wereld met een min of meer democratisch bestuur terug, ook is er sprake van een agressieve concurrentie van staten met een autoritaire staatsvorm – Rusland en China voorop. Daar komt bij dat in vrijwel elk westers land sprake is van een verhitte discussie over de kwaliteit en de legitimiteit van de democratische rechtsstaat. Het vertrouwen van burgers in deze staatsvorm lijkt kortom steeds verder af te brokkelen.

Deze ontwikkelingen roepen prangende vragen op, over Europa, over de Europese samenwerking en over de Europese waarden: heeft Europa nog toekomst? Kunnen we de huidige problemen te boven komen? En zo ja, op welke manier?

In een poging deze vragen te beantwoorden richt ik de blik op de Nederlandse hoogleraar rechtsgeleerdheid Rudolph Pabus Cleveringa (1894-1980). Op 26 november 1940 hield Cleveringa zijn fameuze verzetsrede tegen het ontslag van zijn joodse collega's, onder wie zijn promotor en mentor Eduard Maurits Meijers (1880-1954), in het volle besef dat dit tot zijn arrestatie zou leiden. Hij hechtte grote waarde aan de opvatting van professor Meijers dat een goed jurist altijd de 'goddelijke vlam der gerechtigheid' moet voelen. Cleveringa heeft deze morele leidraad verinnerlijkt en is die trouw gebleven, en kon dan ook niet anders dan zijn verzetsrede houden.[2]

Juist de moedige houding en de praktische, principiële en wetenschappelijke inzichten van Cleveringa kunnen als waardevolle leidraad dienen voor het oplossen van de Europese problemen van vandaag.[3]

Het protest van Rudolph Cleveringa

Ruim tachtig jaar geleden, in het najaar van 1940, moest professor Rudolph Pabus Cleveringa, decaan van de rechtenfaculteit van de Universiteit Leiden, de les overnemen van zijn zojuist ontslagen collega professor Meijers, zijn zeer gewaardeerde leermeester. Meijers was ontslagen omdat hij joods was, en met hem vele anderen. Ook de joodse leden van de rechterlijke macht werd de deur gewezen. Door velen werd dit eerste begin van de Jodenvervolging geruisloos geaccepteerd. Zo protesteerde de Hoge Raad niet tegen het ontslag van zijn joodse president, mr. Lodewijk Ernst Visser, en de ariërverklaring werd door de overige raadsleden zonder onvertogen woord ondertekend. Zij deden dit, omdat zij vonden dat protesteren toch geen zin had en dat het doelmatiger was om in stilte goed werk te doen.

Zo niet Cleveringa. Anders dan vele anderen koos hij ervoor om een principieel standpunt in te nemen. Hij nam de les niet over, maar hield – voor een overvol Groot-Auditorium – zijn befaamde rede, waarin hij zich kristalhelder uitliet over de onrechtmatigheid en onrechtvaardigheid van het ontslag van Meijers:

> Het is deze Nederlander, deze nobele en ware zoon van ons volk, deze mens, deze studentenvader, deze geleerde die de vreemdeling welke ons thans vijandiglijk overheerst, 'ontheft van zijn functie'! Ik zeide u niet over mijn gevoelens te zullen spreken; ik zal mij eraan houden, al dreigen zij als kokende lava te barsten door al de spleten welke ik bij momenten de indruk heb dat zich, onder de aandrang daarvan, in mijn hoofd en hart zouden kunnen gaan openen.

Cleveringa wist dat hij hoogstwaarschijnlijk opgepakt en gevangengenomen zou worden, en dat hij zijn vrouw en drie kleine kinderen lange tijd niet zou zien. En bovenal wist hij dat hij de Duitse bezetter niet zou overtuigen zijn joodse collega Meijers weer in dienst te stellen. Hij kreeg hierin gelijk. Zijn rede was dus, in de visie van velen, niet 'doelmatig'. En toch sprak Cleveringa hem uit. Want wat Cleveringa scherper zag dan anderen, was dat meebewegen met de bezetter niet doelmatig, maar zinloos was, en dat dit ertoe zou leiden dat 'men van geval tot geval gaande zich steeds meer gewonnen geeft aan wat niet hoort', totdat er 'geen recht meer' zou bestaan en de 'Nederlandse wereld' te gronde zou gaan. En zo geschiedde. Want wat begon met het ontslag van alle joodse ambtenaren, zou uiteindelijk uitmonden in een massamoord op de meerderheid van de Nederlandse joden.

Precies daarom trok hij aan de alarmbel en hij deed dat die dag niet voor de laatste keer. Zijn rede was geen opwelling, maar onderdeel van een zeer welbewuste en doorleefde zorg om recht, rechtsstaat en een vrij Nederland. Cleveringa protesteerde openlijk, omdat hij wist dat meebewegen geen zin had. 'Slechts de "principieelen" houding,' zo schreef hij zelf, 'lijkt mij in dezen "doelmatig".' Cleveringa wist kortom dat het soms noodzakelijk is om grenzen te stellen, om trouw te blijven aan de eigen principes, om de rust op de korte termijn op te offeren om grotere ellende op de lange termijn te voorkomen.

Wat kunnen we van Cleveringa leren als het gaat om het Europa en de Europese samenwerking van vandaag?

De totstandkoming van de Europese Unie

De Europese samenwerking zoals wij die nu kennen, dateert van vlak na de oorlog. Na de eindeloze ellende, de terreur en de massamoord zetten de Europese landen in no time een aantal instellingen op om vrede, rechtsstaat en democratie in Europa te bewerkstelligen en te waarborgen. Winston Churchill gaf hier al in 1946, het jaar dat hij uit handen van Cleveringa een eredoctoraat ontving, in een rede in Zürich de eerste aanzet toe:

> Our constant aim must be to build and fortify the United Nations Organisation. Under and within that world concept we must recreate the European family in a regional structure called, it may be, the United States of Europe, and the first practical step will be to form a Council of Europe.[4]

De Raad van Europa, die tot doel heeft de mensenrechten en democratie te bevorderen, werd in 1949 opgericht. Een paar jaar later begint het langzame bouwen aan wat later de Europese Unie zou worden. De Europese Gemeenschap voor Kolen en Staal in 1952, de Europese Economische Gemeenschap in 1957, Euratom in 1958.

Jarenlang leek het alleen maar vooruit te gaan. Nadat de rechtse Zuid-Europese dictaturen in Spanje, Portugal en Griekenland al eerder vervangen waren door democratieën, viel in 1989 de Muur en kwam er een einde aan de communistische dictaturen in Europa. Een periode van ongekend politiek optimisme brak aan en dit mondde uit in snelle verdere stappen, zoals het Verdrag van Maastricht in 1992. Daar werd besloten om een monetaire unie op te richten en er werd zelfs gestreefd naar een politieke unie. Vele voormalige dictaturen traden in de loop der jaren toe tot de Europese Unie.

Maar 25 jaar later is van dit ongekende politieke optimisme weinig meer over. In 2020 verliet voor het eerst een land de Europese Unie. Tussen de overige landen worden de verschillen steeds groter: de opvattingen over de rechtsstaat, de euro en de toekomst van de Europese Unie lopen steeds verder uiteen. Het gezaghebbende Freedom House classificeert Hongarije niet meer als een volledig vrij land. Politici van de oppositie, universiteiten, rechtbanken en ngo's hebben allemaal te maken gehad met restricties, als zij niet in overeenstemming met de visie van de regering denken en handelen. Nederland leverde in het najaar van 2020 lange tijd geen verdachten en veroordeelden aan Polen uit, omdat de Nederlandse rechters ernstig twijfelden aan de onafhankelijkheid van de rechterlijke macht en dus een eerlijk proces in Polen. Het Europees Hof van Justitie in Luxemburg oordeelde in december 2020 dat een algemeen verbod op uitlevering niet mocht, maar de grote vraagtekens bij de onafhankelijkheid van de Poolse rechterlijke macht blijven bestaan.

In het najaar van 2020 blokkeerden Hongarije, Polen en Slovenië lange tijd de Europese meerjarenbegroting met hun veto om een rechtsstatelijkheidsmechanisme uit te kleden of te blokkeren. Zij blokkeerden daarmee lange tijd de meerjarenbegroting, het coronafonds en het rechtsstatelijkheidsmechanisme. Zij slaagden erin dat laatste mechanisme af te zwakken en daarmee in hun eigen voordeel aan te passen.

Met de Raad van Europa is het weinig beter gesteld. Gedurende het politieke optimisme tussen 1990 en 2001 traden vele nieuwe lidstaten toe. Dat waren niet alleen de Midden- en

Oost-Europese staten, die ook lid van de Europese Unie zouden worden, maar bijvoorbeeld ook Rusland, Oekraïne en Azerbeidzjan. Het Statuut van de Raad van de Europa vermeldt expliciet dat:

> Every Member of the Council of Europe must accept the principles of the rule of law and of the enjoyment by all persons within its jurisdiction of human rights and fundamental freedoms.

Desondanks kan moeilijk volgehouden worden dat alle lidstaten hieraan voldoen. Zo is bijvoorbeeld Rusland bepaald geen schoolvoorbeeld van een democratische rechtsstaat. In 2008 bezette Rusland na een oorlog met Georgië de facto Zuid-Ossetië. Hoewel Rusland zich in de Raad van Europa heeft verplicht om met de andere lidstaten te streven naar vrede en in goed vertrouwen samen te werken ('to collaborate sincerely and effectively'), werd de Krim bezet en ingelijfd bij Rusland, terwijl deze toebehoorde aan een andere lidstaat: Oekraïne. Het leidde niet tot serieus optreden tegen Rusland in de Raad van Europa.

Op gelijke wijze kan Turkije, lid sinds 1949, doen wat het wil. Hoeveel oppositiepolitici er ook in de cel zitten, hoeveel journalisten er ook in de cel zitten en hoeveel tienduizenden ambtenaren er ook ontslagen zijn, van de Raad van Europa ondervindt Turkije nauwelijks hinder. Op de democratie in lidstaat Azerbeidzjan valt eveneens veel aan te merken. Vader en zoon Aliyev zijn al sinds 1993 president en de vicepresident is de echtgenote van de president. Politici van de oppositie worden zeer regelmatig gevangengezet. Desondanks blijft het land lid van de Raad van Europa.

De corruptie in het land bracht bovendien de rot in de Raad van Europa zelf aan het licht. Azerbeidzjan heeft miljárden opzijgezet in een fonds. Dat geld wordt ook gebruikt om West-Europese politici om te kopen, waaronder politici die een functie uitoefenden in de Raad van Europa. Drie jaar geleden initieerde ik samen met Frank Schwabe, nu de fractievoorzitter van de sociaaldemocraten, een onderzoek naar deze corruptie. Meer dan tien politici uit West-Europese landen, lid van gewone middenpartijen, bleken omgekocht en werden jarenlang geschorst. Een aantal van hen wordt nu gelukkig vervolgd.

Cleveringa en Churchill: wees trouw aan eigen principes

De Europese samenwerking, die gebaseerd zou moeten zijn op rechtsstaat, op democratie, op mensenrechten en vrij zou moeten zijn van corruptie, biedt vandaag de dag dus een desolaat beeld. Waarom dreigt, na jaren van vooruitgang, de Europese samenwerking nu op een dood spoor terecht te komen? Voor het antwoord op deze vraag moeten we terug naar Churchill, naar de rede die hij in 1946 in Zürich uitsprak. Churchill was er zich van bewust dat er al eerder een poging was gedaan om tot een bovenstatelijke, internationale ordening te komen. Maar die was totaal mislukt: de na de Eerste Wereldoorlog opgerichte Volkenbond. Churchill legt in zijn rede uit waarom de Volkenbond tot niets had geleid:

> The League did not fail because of its principles or conceptions. It failed because those principles were deserted by those states which brought it into being, because the governments

> of those states feared to face the facts and act while time remained.[5]

Deze opvatting van Churchill staat dicht bij die van Cleveringa. Beiden wezen op het belang van trouw aan de eigen principes. Niet vanwege een morele verhevenheid, maar vanuit een praktisch oogpunt: soms is enkel de principiële houding doelmatig. Als er op de cruciale momenten niet een streep in het zand wordt gezet – tot hier en niet verder –, als op dat moment niet de confrontatie wordt gezocht, gaat de hele rechtsordening ten onder.

Instituties falen wanneer zij hun eigen, fundamentele waarden niet langer verdedigen, maar opofferen aan de lieve vrede. Instituties falen wanneer zij niet langer optreden, zodra andere leden van die instituties de vooraf afgesproken grenzen zichtbaar overtreden. Instituties falen wanneer de politieke wil ontbreekt om zélf pijn te lijden voor je idealen.

We moeten ons dan ook afvragen in hoeverre Europa nog trouw is aan zijn eigen idealen. Dat hangt ook samen met de vraag of instituties in staat zijn zich principieel op te stellen tegen leden die vooraf afgesproken grenzen overtreden. Tot slot moeten we ons afvragen of die instituties zelf ook nog binnen hun eigen grenzen handelen.

De mogelijkheden om op te treden, om grenzen te stellen, zijn er wel degelijk. De Raad van Europa heeft de mogelijkheid om leden die stelselmatig de democratische beginselen of de mensenrechten schenden, uit de Raad te verwijderen.[6] Maar ondanks deze bevoegdheden wordt landen als Rusland, Turkije of Azerbeidzjan weinig tot niets in de weg gelegd, laat staan dat ze uit de Raad van Europa worden gezet. Het Europese Hof voor de Rechten van de Mens, onderdeel van de Raad van Europa, doet wel uitspraak in vele relatief kleine zaken van individuele burgers, maar deed pas in 2019 en 2021 uitspraak in twee zaken tussen Rusland en Georgië over de oorlog tussen die twee landen in 2008. Op vooral de tweede uitspraak is veel aan te merken, maar het is voldoende om op te merken dat een uitspraak na dertien jaar heel laat is en dat dat alleen al betekent dat het Hof niet veel gezag heeft bij het beslechten van geschillen. Bovendien weet iedereen dat Rusland zich niet aan uitspraken zal houden als het Hof oordeelt dat het bijvoorbeeld de bezetting en annexatie van de Krim ongedaan moet maken.

Iedereen lijkt zich daarbij neer te leggen. Dit betekent dat ze niet alleen de Raad van Europa niet serieus meer nemen maar ook de fundamentele waarden waarvoor hij staat – de democratische rechtsstaat en de waarborging van de mensenrechten daarbinnen.

Om te zien dat het ook anders kan, hoeven we alleen een korte blik achterom te werpen op de geschiedenis. Op 21 april 1967 greep een aantal kolonels de macht in Griekenland. Griekenland was op dat moment lid van de Raad van Europa. In de Parlementaire Assemblee van de Raad van Europa zat op dat moment een principiële Nederlandse parlementariër. Zijn naam: Max van der Stoel. Zijn inspiratiebron: professor Cleveringa. Als zestienjarige had Max van der Stoel het optreden van Cleveringa van dichtbij meegemaakt. Hij was een klasgenoot van Cleveringa's dochter op het stedelijk gymnasium in Leiden en ze maakten het huiswerk Grieks en Latijn bij Cleveringa thuis. Hij zag met eigen ogen wat de protestrede teweegbracht. 'Zijn proteststem,' zo herinnerde Van der Stoel zich later, 'werd door de studenten snel vermenigvuldigd en over het hele land verspreid. Om op dat moment, ongeacht de consequenties, zo'n principieel standpunt in te nemen, dat vond ik heel indrukwekkend.'

En dus koos Van der Stoel in 1967, toen hij Kamerlid was, voor het principiële standpunt. Hij liet zich tot rapporteur inzake Griekenland benoemen en schreef een gedetailleerd rapport over de mensenrechtenschendingen en bewerkstelligde dat de Assemblee met overgrote meerderheid opriep Griekenland uit de Raad van Europa te zetten. Na dit rapport en voor de stemming van de lidstaten stapte Griekenland zélf uit de Raad van Europa. Voor de kolonels was Van der Stoel de vijand, bij de Griekse democraten was hij een grote held.

Merk ook op dat Nederland het toen samen met Denemarken, Zweden en Noorwegen aandurfde om een rechtszaak aan te spannen tegen NAVO-bondgenoot Griekenland om die streep in het zand te zetten, ter wille van de democratie, ter wille van de mensenrechten. Gewoon midden in de Koude Oorlog. En dit principiële standpunt, dit verdedigen van de eigen, fundamentele waarden, zorgde ervoor dat de Raad van Europa een effectief en geloofwaardig orgaan bleef om de mensrechten en de democratie in Europa te bevorderen. En dat is precies waar het – ook in de Europese Unie – nu misgaat.

De uitholling van de *rule of law* in de Europese Unie

De eurozone functioneert niet goed en veel landen houden zich niet aan de regels. Het is helder dat lidstaten in de huidige crisis tijdelijk extra geld moeten uitgeven om de economie te stabiliseren. De gemaakte afspraken in het stabiliteitspact, dat lidstaten bindt aan begrotingsevenwicht of surplus en maximaal 3 procent tekort en maximaal 60 procent schuld, kunnen tijdelijk losgelaten worden.

Het probleem is echter dat deze afspraken al volstrekt niet werden nageleefd voor de coronacrisis. Neem bijvoorbeeld Italië, dat een staatsschuld van boven de 130 procent van het bbp heeft – meer dan twee keer zoveel als is toegestaan volgens de Europese begrotingsregels. Door nu nog meer schuld op te bouwen komt Italië echt in de gevarenzone en doemt de vraag op of het in staat is dit eigenstandig op te lossen. Dit is de consequentie van het structureel niet handhaven van regels in het verleden. En we hebben gezien waar het structureel niet nakomen van de regels bij Griekenland toe geleid heeft: tot een grote crisis en financiële pijn in Griekenland, maar ook, nee juist ook in de andere eurolanden. Dit soort problemen worden namelijk alleen maar groter en pijnlijker wanneer zij niet tijdig aangepakt worden.

De ECB heeft een rol op zich genomen, waaraan toch overduidelijk getwijfeld moet worden of dit binnen haar mandaat past – zie de recente uitspraak van het Duitse Grondwettelijk Hof. De bedoeling was dat de ECB een soort Bundesbank zou worden, zonder monetaire financiering zoals neergelegd in artikel 123 van het verdrag. Inmiddels heeft het Europese stelsel van centrale banken, zonder additioneel mandaat, obligaties en andere papieren opgekocht ter waarde van meer dan 60 procent van het bbp van de hele eurozone. En deze dynamieken versterken elkaar – het toestaan van het opbouwen van schuld door lidstaten en het opkopen van deze schuld door de ECB. Totdat het in elkaar stort. Daarom moet er in de herstelfase een strak plan komen ter afbouw van schulden.

Want ook hier lijkt het principiële standpunt te zijn losgelaten uit doelmatigheidsoverwegingen. We doen 'whatever it takes' om de eurozone aan de gang te houden en accepteren daarbij dat het mandaat van de ECB wordt ingevuld op een manier die steeds verder afwijkt van de oorspronkelijke bedoeling. Maar ook als we zo de problemen provisorisch oplossen, als we zo voorthobbelen, van incident naar incident, blijft het kernprobleem op tafel liggen: waar ligt de grens? Hoe vaak accepteren we dat begrotingsafspraken niet worden nagekomen, zonder dat sancties volgen? Tot hoever laten we toe dat de ECB haar mandaat nog verder oprekt?

Bij de rechtsstaat van Polen en Hongarije gebeurt hetzelfde. Stapje voor stapje wordt die uitgehold. En elke keer de schouders ophalen wanneer dat gebeurt, betekent dat de weg terug naar een minimumniveau van rechtsstatelijkheid langer wordt.

De compromissen die we constant sluiten accommoderen de verslechteringen in de rechtsstaat sluipenderwijs.

Zonder duidelijke grenzen, zonder afspraken die worden gerespecteerd of kunnen worden afgedwongen, wordt de kern van de Europese Unie, de *rule of law*, uitgehold en daarmee verzwakt de hele Unie. Zonder afdwingbaarheid hebben rechtsregels weinig waarde, zijn ze zelfs, in de opinie van Cleveringa, in het geheel geen recht. Juist daarom ging hij zich in het latere deel van zijn carrière voornamelijk toeleggen op het procesrecht, 'vanwege de sterk bij hem levende overtuiging dat het materiële recht slechts recht is bij de gratie van goede procedureregels waardoor het geëffectueerd kan worden'.[7]

De weg die Cleveringa ons wijst in de huidige crisis in de Europese instituties is dus tweeledig. Enerzijds moeten we ervoor zorgen dat afspraken kunnen worden afgedwongen, ongeacht of dit nu afspraken over het stabiliteitspact zijn of afspraken over de rechtsstaat en rechterlijke onafhankelijkheid. Daaraan schort het nu. De instantie die op de naleving van de regels moet toezien, de Europese Commissie, heeft nauwelijks een democratisch mandaat. Een democratisch gekozen regering zal zich aan zo'n commissie minder gelegen laten liggen dan aan de eigen kiezer. We zagen dat bij Duitsland en Frankrijk over het stabiliteitspact, we zien dat nu bij Hongarije en Polen over de rechtsstaat. Dus een stap in het proces zal moeten zijn dat een instituut met een groter democratisch mandaat die naleving gaat afdwingen.

Anderzijds kunnen we van Cleveringa leren dat we de moed moeten hebben om grenzen te stellen, om soms de confrontatie te verkiezen boven de lieve vrede, om het principiële pad te bewandelen, niet uit een soort van morele verhevenheid, maar juist omdat de principiële weg in sommige gevallen de enige doelmatige weg is in de praktijk.

Concreet betekent het dat we ons dus moeten inzetten voor een vernieuwing van de democratie in Europa, gebaseerd op de fundamentele principes van democratie. In navolging van Cleveringa gaat dit onder andere over de juiste procedures die gevolgd dienen te worden om een weerbare en levende democratie tot stand te brengen en te behouden. Democratische processen doen ertoe, openbaarheid doet ertoe, en wederzijds vertrouwen doet ertoe.

Daarom moeten we strepen trekken in het zand bij de twee hoofddossiers, namelijk bij de financieel-economische en monetaire ordening en bij de rechtsstatelijkheid. En vaak is het heel simpel: geen nieuwe afspraken maken, maar gewoon de gemaakte afspraken nakomen en dat afdwingen. We moeten ophouden met het constant maken van nieuwe afspraken als schaamlap wanneer niemand nakoming van de oude afspraken afdwingt.

Maar er zijn ook meer stappen nodig om de Unie te laten functioneren:

1 Vergroten van de openbaarheid, te beginnen bij de Raad van Ministers, die nu geheim is. Wetgeving die niet openbaar tot stand komt is werkelijk ongehoord en past niet binnen een democratie. Ondanks de pogingen van Renske Leijten en van mij en ondanks de steun van meer dan twintig Europese parlementen, bewegen de regeringen nog niet. Voortdurend heeft Nederland hier wel op ingezet.
2 Verantwoording afleggen: het Europees Parlement kan de Commissie in haar geheel ontbinden na een motie van wantrouwen, maar alleen de voorzitter kan het ontslag aanvragen van een individuele commissaris. In een normaal parlement kan een disfunctionele minister gewoon naar huis gestuurd worden. Dat zou ook op Europees niveau moeten kunnen.
3 Participatie bevorderen: een fundamentele pijler van de democratie is de actieve deelname van de burgers aan het politieke debat. Dit vergt dat het democratische debat toegankelijk is en gevoerd wordt in een gemeenschappelijke taal en discussieruimte. En het vereist dat duidelijk is hoe

nieuwe wetgeving, die direct in de EU-landen doorwerkt, tot stand komt.

4 Terugbrengen van wederkerigheid als fundamenteel principe van democratische omgang om de geest van samenwerking weer springlevend te maken. We zien een gebrek aan wederkerigheid en dus constructieve samenwerking op meerdere terreinen. Malta en Cyprus hebben jaren veel geld verdiend aan de verkoop van gouden paspoorten aan soms criminele mensen van buiten de Unie, die vervolgens vooral elders in de Unie gingen wonen en daar bijvoorbeeld veiligheidsproblemen veroorzaken. Meerdere landen, waaronder Nederland, proberen via constructies hoofdkantoren of brievenbusfirma's of andere zaken aan te trekken, die ervoor zorgen dat er in andere Unielanden minder of geen belasting betaald wordt.

Laten we dus, met deze inzichten van Cleveringa, een volwassen debat voeren over de toekomst van Europa. Wanneer er kritiek is op het handelen van Europese instituties wordt het debat te vaak gesmoord door dit als 'eurosceptisch' af te doen. Maar oprechte kritiek is juist nodig om ervoor te zorgen dat instituties hun fundamentele waarden niet uit het oog verliezen.

Niemand wist dat beter dan Cleveringa. Want hoewel deze grote, rechtvaardige geleerde een fel en doorleefd verdediger van de rechtsstaat was, schroomde hij gedurende zijn hele carrière niet om niet mis te verstane kritiek te leveren op rechterlijke uitspraken. Daarvoor had hij – in de woorden van Gerard Langemeijer – 'een bepaald mindere eerbied',[8] juist omdat hij het recht zo belangrijk vond. Laat ons met dezelfde blik naar de Europese instituties kijken, juist omdat de Europese samenwerking zo belangrijk is.

DEEL III

Hoe modellen Nederland bepalen

Na ons in het vorige deel op de Europese problemen te hebben gericht wil ik nu de blik op Nederland richten. Meer in het bijzonder wil ik ingaan op de wijze waarop modellen en modeluitkomsten het Nederlandse beleid bepalen, en waarom die grote nadruk op modellen problematisch is.

Nederland heeft een rijke traditie van modellen maken. Modellen zijn een abstractie van de werkelijkheid, maar als we die goed benaderen, kunnen ze heel nuttig zijn om nader inzicht te geven in een deel van die werkelijkheid. Eise Eisinga bijvoorbeeld bouwde in Franeker een planetarium in zijn woonkamer, een model van ons zonnestelsel. Bijna tweehonderd jaar later functioneert het planetarium nog steeds. Sterrenkundigen kunnen ook heel goed voorspellen, want hun modellen zijn heel precies en worden, zolang we geen Star Wars spelen, niet beïnvloed door menselijk gedrag zelf. Zo weten we dat er op 8 juni 2290 's morgens een zonsverduistering zal zijn in Nederland.

Wis- en natuurkundige Jan Tinbergen was de eerste Nobelprijswinnaar in de economie en legde het fundament voor de

Nederlandse modelcultuur. Hij richtte in 1945, op verzoek van de regering-Schermerhorn-Drees, het Centraal Plan Bureau (CPB) op. Tinbergen heeft een indrukwekkende staat van dienst in de econometrie en is wellicht het meest bekend vanwege de Tinbergenregel: als je met een model beleidsdoelstellingen nastreeft, moet je ten minste net zoveel instrumenten hebben als je doelen nastreeft. Dus als je twee beleidsdoelen hebt (bijvoorbeeld over inkomensverhoudingen en inflatie) moet je ook ten minste twee beleidsinstrumenten hebben (zoals een belasting of de mogelijkheid de geldhoeveelheid te bepalen). En als je heel veel beleidsdoelen hebt, moet je heel veel beleidsknoppen maken om aan te draaien.

Modellen beschrijven de werkelijkheid, maar de werkelijkheid – en zeker de economische en sociale werkelijkheid – is buitengewoon complex, al helemaal wanneer ook menselijk gedrag er impliciet of expliciet onderdeel van uitmaakt. Modellen, zeker in de sociale wetenschappen, beschrijven dus hooguit een deel van de werkelijkheid. Of zoals statisticus George Box het zei: 'All models are wrong, but some are useful.'

In Nederland echter bepalen modellen ons beleid. Terwijl de Sovjet-Unie haar centrale vijfjarenplannen afschafte, hebben wij ondertussen drie planbureaus, namelijk het Centraal Planbureau (CPB), het Planbureau voor de Leefomgeving (PBL) en het Sociaal en Cultureel Planbureau (SCP). Vooral de eerste twee doen alles met modellen. Mogelijk krijgen we binnenkort nog een planbureau voor de veiligheid. We plannen ons werkelijk een ongeluk. Ook bij corona gebruiken we zeer complexe modellen voor het beleid.

Terwijl iedereen modellen bouwt, wordt er nauwelijks nagedacht over de complexe werkelijkheid. Om u een beeld te geven:

de belangrijkste denktank van de regering, de Wetenschappelijke Raad voor het Regeringsbeleid (WRR), heeft veertig medewerkers.[1] Andere adviesraden hebben er opvallend genoeg minder dan tien. Het Centraal Planbureau heeft meer dan 120 medewerkers.[2] Terwijl er niet voldoende wordt nagedacht over de werkelijkheid wordt er wel volop over gespind. De ministeries hebben nu samen meer dan zevenhonderd voltijds voorlichters en communicatiemedewerkers.[3] De laatste categorie is de afgelopen jaren fors gegroeid. Vooral op de adviesraden (denktanks) is de afgelopen decennia bezuinigd.

In Nederland zijn we dus dol op het werken met modellen en vaak varen we er blind op. We begrijpen steeds minder hoe de modellen werken en dus welke tekortkomingen ze hebben. De fixatie op een modelwerkelijkheid zorgt ervoor dat de echte werkelijkheid steeds verder uit beeld raakt. Het modelgericht beleid maken zorgt ervoor dat de regelgeving onnodig complex en onoverzichtelijk wordt. Nergens is dat duidelijker dan in het inkomensbeleid en de koopkrachtplaatjes.

Het oer-Nederlandse voorbeeld: het koopkrachtplaatje

In elk verkiezingsprogramma en in elke miljoenennota staan de koopkrachtplaatjes. Het is een lijst voorbeeldhuishoudens die model zouden staan voor de gemiddelde impact van het voorgestelde beleid. De koopkrachtontwikkeling zoals doorgerekend door het CPB of het ministerie van Sociale Zaken is dan ook de opening van het journaal of de krant: gaan we er het komend jaar op vooruit of op achteruit? Bijna iedereen begrijpt dat het koopkrachtplaatje waardeloos is als je een baan

Koopkrachtcijfers	%
	Stand
Actieven	novemberraming
Alleenverdiener met kinderen	
Modaal	0,8%
2 x modaal	0,3%
Tweeverdieners	
Modaal + ½ x modaal met kinderen	0,6%
2 x modaal + ½ x modaal met kinderen	0,3%
2½ x modaal + modaal met kinderen	0,6%
Modaal + modaal zonder kinderen	1,4%
2 x modaal + modaal zonder kinderen	0,9%
Alleenstaande	
Minimumloon	1,4%
Modaal	1,4%
2 x modaal	0,7%
Alleenstaande ouder	
Minimumloon	-0,1%
Modaal	0,8%
Inactieven	
Minimumuitkering	
Paar met kinderen	0,4%
Alleenstaande	0,4%
Alleenstaande ouder	0,3%
AOW (alleenstaand)	
(alleen) AOW	0,7%
AOW + € 10.000	0,3%
AOW (paar)	
(alleen) AOW	0,5%
AOW + € 10.000	0,3%
AOW + € 30.000	-0,2%

Bron: *SZW-berekeningen* Kamerstuk 35570-XV, nr. 4

Figuur 2. Tabel: koopkrachtplaatjes voorbeeldhuishoudens 2021[4]

kwijtraakt of bij een echtscheiding. Maar er is een aantal extra problemen met het koopkrachtplaatje. Laten we beginnen bij het koopkrachtplaatje van 2021 zoals de regering het gepubliceerd heeft. Het ziet er allemaal heel evenwichtig uit.

Koopkrachtplaatjes worden een doel, geen middel

De regering wil graag positieve koopkrachtplaatjes tonen en daar tegelijkertijd niet te veel geld aan uitgeven. Dat leidt tot spanningen en daarom zoeken politici naar trucjes. Want een verhoging van alle uitkeringen is duur en een algemene belastingverlaging ook. Nu kun je natuurlijk een belastingverlaging zo vormgeven dat slechts een beperkte groep mensen daar recht op heeft, namelijk precies de standaardhuishoudens in de koopkrachtplaatjes. Dit gebeurt heel gericht en een voorbeeld maakt dit duidelijk.

Aan het begin van deze eeuw kon je het inkomen van de gepensioneerden (AOW-gerechtigden) verhogen door de AOW te verhogen. Maar je kon het in de standaardkoopkrachtplaatjes ook verhogen door het ouderdomsforfait te verhogen in de aftrek bijzondere ziektekosten. Daar had namelijk iedereen die AOW-gerechtigd was recht op. Om echter van dat recht gebruik te maken moest je wel zelf belastingaangifte doen en de aftrekpost invullen op het formulier, ook als je verder helemaal geen bijzondere ziektekosten had. In het begin gebruikten weinigen die aftrekpost, hetgeen betekende dat je voor een kwart van de kosten van een AOW-verhoging de koopkracht in de plaatjes kon verhogen via dat forfait. En zo geschiedde. Toen het forfait steeds hoger werd, gingen alle ouderenbonden en vakbonden natuurlijk mensen helpen bij het invullen van hun belastingaangifte en explodeerden de kosten van de aftrekpost, die in korte tijd vervijfvoudigde. De aftrekpost werd daarna snel heel hard uitgekleed.

De fixatie op koopkrachtplaatjes leidt dus tot het gebruik van relatief ingewikkelde inkomensmaatregelen en werkt complexiteit in de hand. Dit is iets wat we keer op keer zien gebeuren in het Nederlandse inkomensbeleid.

Ingewikkeld belastingstelsel

Het Nederlandse belastingstelsel in de inkomstenbelasting is door de fixatie op koopkrachtplaatjes zeer ingewikkeld geworden. Om te beginnen een test: weet u waar u rekening mee moet houden als u 100 euro extra gaat verdienen? Als uw werkgever u bijvoorbeeld vraagt een aantal uren extra te werken of u een loonsverhoging aanbiedt, weet u dan hoeveel u overhoudt van elke verdiende euro? Het zou een gemakkelijke vraag moeten zijn, maar het is een van de meest ingewikkelde vragen.

Andere belastingen zijn minder ingewikkeld: bij de btw weet u of u 9 procent of 21 procent betaalt op een bepaald goed. Dat u niet weet hoeveel u betaalt als u extra verdient, levert natuurlijk serieuze problemen op zoals we verderop in dit deel zullen zien. Het kan zijn dat u de komende twee pagina's verdwaalt in de cijfers. Troost u, u bent niet de enige. Ik ken geen enkele minister die deze cijfers kent en begrijpt – zo complex is het. Lees gewoon verder en u zult snappen waarom ik over een paar pagina's concludeer dat helemaal niemand weet hoeveel belasting hij betaalt als hij 100 euro extra verdient. De enige uitzondering zijn mensen die zwartwerken of mensen die meer dan € 105.736 verdienen.

Laten we eerst de hoofdlijnen van het Nederlandse belastingstelsel bekijken (als ik alle details hier zou opschrijven, zou dit een onooglijk dik boek worden). We gaan ervan uit dat iemand een verzamelinkomen heeft en kent. Vroeger heette dat bruto-inkomen.

- Ben je zelfstandige en werk je 1225 uur per jaar of meer? Dan mag je de zelfstandigenaftrek van je inkomen aftrekken (€ 6670 in 2021). Daarover betaal je geen inkomstenbelasting.
- Ben je zelfstandige, dan mag je ook eerst 14 procent van het inkomen aftrekken (de MKB-winstvrijstelling). Daarover betaal je geen belasting. Maar weer wel een beetje als je meer dan € 68.507 verdient.
- Je betaalt belasting en premies. Er zijn twee schijven, namelijk 37,10 procent onder de € 68.507 en 49,5 procent daarboven. Dit is het eenvoudige deel. Mocht u AOW-gerechtigd zijn, dan zijn er drie schijven omdat u geen AOW-premie betaalt.

Na de eerste twee ingrepen heb je het bedrag te pakken waarover je belasting moet betalen, en na de derde ingreep de belasting (en premies volksverzekering) die je verschuldigd bent. Na deze ingrepen krijg je nog te maken met heffingskortingen, waardoor je minder belastingen betaalt, of met toeslagen, waardoor je geld krijgt. We beginnen met de heffingskortingen, die inkomensafhankelijk zijn. De arbeidskorting ziet er bijvoorbeeld zo uit:

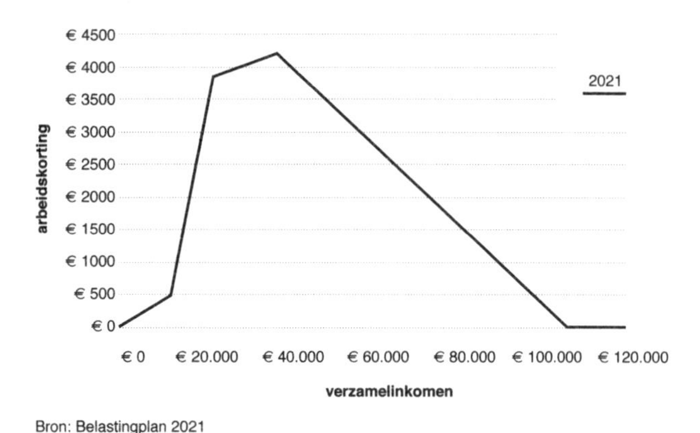

Figuur 3. Grafiek: de arbeidskorting in 2021

De arbeidskorting is dus afhankelijk van het inkomen en er zitten drie knikpunten is. Zij is ooit ingevoerd om te compenseren voor de kosten die je als werkende (werknemer of zelfstandige) moet maken om te werken. Denk aan niet vergoede kosten voor kleding, woon-werkverkeer of verwerving. Door politieke ingrepen heeft de arbeidskorting in het geheel geen relatie meer met die kosten. Het is puur een inkomensinstrument geworden. Het hoogtepunt (€ 4205) bereik je op het niveau van een modaal inkomen. Een normale modale werknemer maakt op geen enkele manier dat bedrag aan niet vergoede kosten voor werken. En het is geen verrassing dat het hoogtepunt vlak bij het niveau van het modale inkomen zit. Dat komt heel goed uit voor de koopkrachtplaatjes, want dat betekent dat precies de modale werknemer (bijna) het maximum krijgt. De combinatie modaal + modaal zonder kinderen in de koopkrachtplaatjes krijgt zelfs twee keer het maximum. Maar de mensen die een paar duizend euro meer of minder verdienen krijgen al een stuk minder arbeidskorting. Tot een paar jaar geleden was het model een plateau. Maar de afgelopen twee jaren is precies de punt ontstaan. Kijk nu nog even naar de koopkrachtplaatjes en je ziet dat het effect had: net iets meer voor iedereen die op modaal zit, of voor een huishouden waar beide partners allebei precies modaal verdienen. Nu je dit ziet weet je hoe het komt.

Waarom zit er een afbouw in de arbeidskorting? Zou je minder kosten hebben als je meer werkt of als je meer verdient? Nee, natuurlijk niet. Maar het feit dat als je 1000 euro meer verdient, je 60 euro arbeidskorting verliest, is gelijk aan een extra belasting van 6 procent over het inkomen.

Dit betekent dat je eigenlijk 6 procent extra belasting betaalt. De belastingtarieven hadden natuurlijk ook gewoon met 6 procent verhoogd kunnen worden tussen de € 35.652 en € 105.736 maar dat staat politiek veel onprettiger. Het zou echter wel een stuk duidelijker en eerlijker zijn. En het zou bovendien duidelijk zijn dat het marginale belastingtarief,[5] tussen de € 68.507 en € 105.736, helemaal geen 49,5 procent maar 55,5 procent is. Dat marginale tarief is de afgelopen jaren dus gestegen, want het was een aantal jaren geleden 52 procent. Maar optisch gezien is het gedaald. Daarbij valt op dat het niet de hoogste inkomens zijn die het hoogste marginale tarief betalen.

Naast de arbeidskorting zijn er bijvoorbeeld nog de algemene heffingskorting, de ouderenkorting en de alleenstaandeouderenkorting. En voor de minst verdienende partner of de alleenstaande ouder (met een kind onder de twaalf) is er de Inkomensafhankelijke Combinatiekorting (IACK). Dat is een extra heffingskorting, die het geweldig doet in de econometrische modellen. De korting zit zo in elkaar dat als je een euro extra verdient over een bepaalde inkomensrange de IACK 11,45 eurocent hoger wordt. Je betaalt dus niet effectief 37,10 procent belasting maar 25,65 procent. Je houdt dus meer over. Het is misschien verrassend maar verschillende groepen die precies hetzelfde verdienen hebben in Nederland een ander belastingtarief. Dat zit versleuteld in heffingskortingen. De economische literatuur heeft vastgesteld dat de minst verdienende partners extra gaan werken als ze meer overhouden dan bijvoorbeeld een kostwinner. En dus krijgen ze deze korting. Het probleem is: om te leiden tot extra werk moet je natuurlijk wel begrijpen dat je deze speciale korting krijgt. En het is maar zeer de vraag of dat ook het geval is.

Ook de andere kortingen hebben zo hun eigen knikpunten en afbouwtrajecten en ik heb slechts de hoofdlijnen beschreven. Bovendien betrof dit alleen nog maar de inkomstenbelasting.

Toeslagen

Het Nederlandse stelsel van toeslagen is nog ingewikkelder. Op basis van je huishoudinkomen van het lopend jaar krijg je een aantal voorschotten, toeslagen geheten:

- Huurtoeslag (als je in een huurwoning woont)
- Zorgtoeslag
- Kindgebonden budget (hangt af van het gezinsinkomen, het aantal kinderen en je krijgt fors meer als je een eenoudergezin hebt)
- Kinderopvangtoeslag

Deze toeslagen hangen niet af van het individuele inkomen maar van het huishoudinkomen. Omdat het u mogelijk al duizelt, zal ik hier niet verder ingaan op het feit dat de definitie van het begrip 'huishouden' en van 'huishoudinkomen' verschilt tussen de toeslagen. U zult begrijpen dat het daardoor wel een stuk complexer wordt.

De toeslagen zijn voorschotten omdat heel veel mensen natuurlijk nog niet precies weten wat hun inkomen op 1 januari voor het komende jaar zal zijn. Vroeger werd de huursubsidie gebaseerd op basis van het inkomen anderhalf jaar eerder, en stond dat inkomen vast op het moment dat je de huursubsidie ontving.[6] De hoogte van de huidige toeslagen wordt echter pas ver na afloop van het toeslagjaar vastgesteld, soms pas twee of drie jaar later. Dat heeft veel terugvorderingen en nabetalingen tot gevolg.

Waarschijnlijk ben ik u nu kwijtgeraakt. Dat kan liggen aan het feit ik het niet goed uitleg of dat u de materie saai en taai vindt. Maar laat ik u troosten: ik ken geen enkel ander land waar er behalve belastingschijven (die heeft iedereen wel), nog toeslagen, inkomensafhankelijke heffingskortingen en een soort MKB-winstvrijstelling naast elkaar bestaan. Het stelsel is zo ingewikkeld dat beleidsmakers het zelf niet begrijpen, laat staan eerlijk en transparant uitleggen.

En al helemaal niemand weet wat hij overhoudt wanneer hij 100 euro extra verdient. En dat is een fundamenteel probleem.

Focus op koopkrachtplaatje en effect op belastingdruk

We keren terug naar mijn eerdere vraag: hoeveel belasting betaal je over 100 euro extra inkomen? Laten we een alleenverdiener nemen met twee kinderen. Het gezin woont in een huurwoning van 600 euro per maand. Het eerste antwoord zou zijn: kijk naar de belastingschijven en dan zou je kunnen denken dat de marginale druk voor deze alleenverdiener er als volgt uitziet (het begint bij ongeveer 20.000 euro omdat er anders sprake is van aanvullende bijstand):

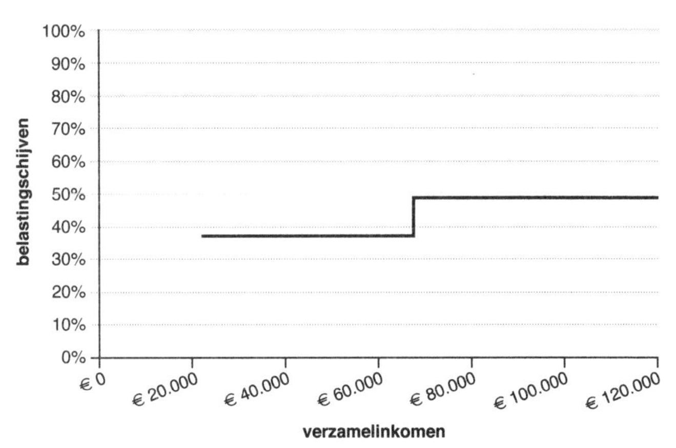

Figuur 4. Grafiek: de nominale belastingschijven

We weten dat de heffingskortingen tot hogere en lagere tarieven kunnen leiden. Dat betekent in dit geval dat deze persoon via het loonstrookje nog recht heeft op de arbeidskorting en de algemene heffingskorting. Dan ziet het effectieve belastingtarief er zo uit:

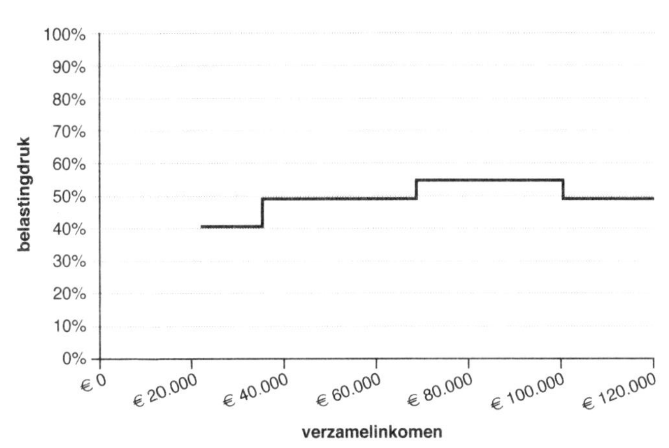

Figuur 5. Grafiek: marginale druk alleenverdiener in de inkomstenbelasting

Wat opvalt in deze grafiek is dat het marginale tarief al boven de 49 procent komt vanaf € 37.000 inkomen. En het toptarief ligt tussen de € 69.000 en € 105.000 en wel op 55,5 procent.

Nu heeft dit huishouden ook recht op toeslagen, namelijk de zorgtoeslag, de huurtoeslag en het kindgebonden budget. Al deze drie kortingen nemen af met het inkomen. Dan ziet de marginale druk eruit zoals in figuur 6.

Wat valt onmiddellijk op: de alleenverdiener houdt € 50,50 over van elke 100 euro die hij extra verdient maar alleen als hij meer dan € 105.736 verdient. Bij een modaal inkomen houdt hij slecht een schamele 20 euro over. De effectieve belastingdruk ligt voor velen in deze groep rond de 70 of 80 procent.

Wat het hele plaatje hierboven verbloemt, wordt in de derde grafiek in één klap duidelijk: in Nederland betalen de middeninkomens de hoogste marginale tarieven, niet de topinkomens. De

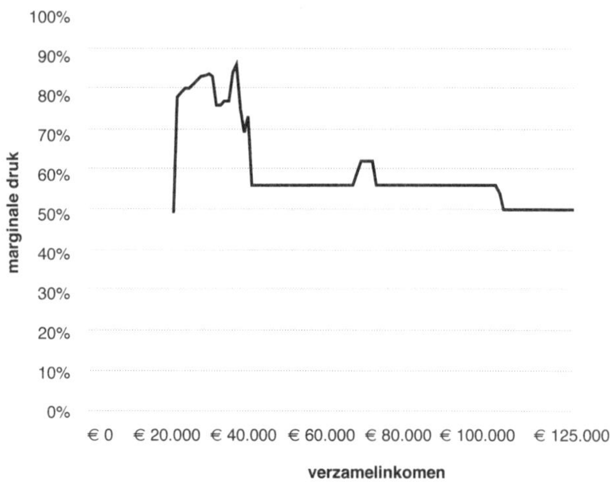

Bron: bijlage bij Kamerstuk 35572 nr. 5 en eigen berekeningen

Figuur 6. Grafiek: marginale druk alleenverdiener door inkomstenbelasting en toeslagen

alleenverdiener is het meest extreme voorbeeld maar zeker niet het enige. Achter de façade van de tarieven zit een zeer ingewikkeld stelsel van inkomensafhankelijke regelingen.

En dit plaatje was drie jaar geleden nog erger: toen lag de marginale druk op gemiddeld 90 procent tussen € 23.000 en € 33.000 euro, met uitschieters boven de 110 procent. U leest dat goed: wanneer iemand meer ging werken hield hij netto minder over.

De marginale tarieven zeggen dus voor modale inkomens helemaal niets meer over hoeveel iemand overhoudt als hij extra werkt. Voor sommige mensen is het inderdaad een stuk aantrekkelijker om 's avonds een klusje zwart te doen dan bij de eigen baas op zaterdag over te werken, al krijgt hij een overwerktoeslag.

Ook in internationaal perspectief is deze marginale druk

absurd hoog. Communistische landen als Cuba of de Sovjet-Unie hebben dit soort absurde percentages niet en hebben die ook nooit gehad. Want daar zit de kern: mag een arbeider zelf profijt hebben van de extra uren die hij werkt, of hebben we de samenleving zo gesocialiseerd dat het merendeel van de vruchten van de eigen arbeid geplukt wordt door de staat en de directe link tussen arbeid en inkomen daardoor nogal zwak wordt? De vraag stellen is haar natuurlijk beantwoorden en het zou toch echt normaal moeten zijn dat de effectieve druk niet boven de 50 procent komt. De arbeider zelf zou tenminste profijt moeten hebben van het merendeel van zijn eigen arbeid. In Nederland geldt dat effectief alleen voor de hoogste inkomens en voor mensen die als minst verdienende partner een relatief laag inkomen hebben.

Focus op koopkrachtplaatje en onzekerheid

Een element dat niet in koopkrachtplaatjes zit, is de onzekerheid over het netto-inkomen. Juist bij de toeslagen vinden, zoals ik eerder al opmerkte, grote terugvorderingen plaats. Bij de huurtoeslag gebeurt dit omdat deze toeslag een relatief steil afbouwtraject kent. Bij de kinderopvangtoeslag, waar het risico groot is dat het aantal uren vooraf verkeerd wordt ingeschat, kunnen de terugvorderingen gemakkelijk duizenden euro's bedragen. En dat brengt mensen met een laag inkomen vaak snel in de problemen.

Bij de inkomstenbelasting is alles erop gericht dat de maandelijkse belasting via het loonstrookje (de loonbelasting) aan het eind van het jaar overeenkomt met de inkomstenbelasting die je moet betalen via de belastingaangifte. De toeslagen zijn echter een voorschot, gebaseerd op een geschat inkomen. Hoewel de overheid de werkgevers (en pensioenfondsen) elke maand een uitgebreide aangifte laat doen van de inkomsten van elke werknemer en elke gepensioneerde, slaagt diezelfde overheid er na vijftien jaar en meer dan een miljard uitgaven niet in om de toeslagen tijdens het jaar aan te passen aan de inkomensgegevens die de werkgevers op straffe van hoge boetes moeten aanleveren.

In een koopkrachtplaatje zit geen onzekerheid, maar voor de overgrote meerderheid is het heel fijn om te weten dat de maandelijkse inkomsten niet terugbetaald hoeven te worden. De wrange werkelijkheid is dat er grote groepen mensen zijn die, uit angst, sommige toeslagen niet meer aanvragen. Maar dat gevolg zit niet in de koopkrachtplaatjes. Dit is dus een voorbeeld van een element dat niet in het koopkrachtplaatjesmodel is meegenomen, maar wel grote gevolgen heeft.

Focus op koopkrachtplaatjes en draagkracht

Tot nu toe hebben we belastingheffing als een puur modelmatige, technocratische exercitie beoordeeld met een overdaad aan cijfers. Maar belastingen zijn geen technocratische modelexercitie maar hebben een zeer normatief karakter. De eerste vraag in een beschaafd land zou moeten zijn: kan een persoon of een gezin op een fatsoenlijke manier rondkomen van het inkomen en houdt de belasting rekening met de draagkracht van de persoon? Daarop is geen totaal waardevrij antwoord mogelijk, want 'fatsoenlijk rondkomen' is een subjectieve waarheid. Het probleem is dat we met de koopkrachtplaatjes zoals we ze nu gebruiken niet eens meer een poging doen.

We hebben in een ver verleden een hoeksteen in het inkomensstelsel gebouwd, het wettelijk minimumloon. In 1965 adviseerde de SER nog tegen een minimumloon, maar in 1966 adviseerde de SER:

> Als uitgangspunt kan daarbij worden genomen de overweging dat het wenselijk is dat een ieder die in een afhankelijke positie arbeid verricht, de zekerheid heeft uit hoofde van die arbeid een zodanig inkomen te verwerven dat hij en zijn gezin een, gezien de algehele welvaartssituatie, sociaal aanvaardbaar bestaan hebben.[7]

Dit is een zeer fundamenteel ijkpunt: kun je van het wettelijk minimumloon een gezin onderhouden? In Nederland was het antwoord van het NIBUD recent dat je van een bijstandsuitkering (die ongeveer gelijk is aan het wettelijk minimumloon) niet rond kunt komen als gezin met twee kinderen. Dat is een zeer fundamentele opmerking, want het betekent dat het wettelijk minimumloon in combinatie met de kindregelingen onvoldoende is voor dit gezin. En het uitgavenpatroon in de voorbeeldberekening van het NIBUD is heel karig. Zo is er slechts € 68 per maand beschikbaar voor vervoerskosten. Dat zijn dus vier fietsen en geen brommer en zeker geen regelmatig openbaar vervoer. Het is belangrijk om dit te beseffen, omdat werknemers op minimumloon bijna nooit reiskostenvergoeding krijgen van de werkgever.

Natuurlijk hebben in Nederland beide partners een arbeidsplicht in de bijstand. Maar indien een van beiden niet kan werken (door ziekte of het niet kunnen vinden van werk) bestaat er geen recht op aanvullende bijstand. Het uitgangspunt dat je van het minimumloon kunt rondkomen als gezin heeft de overheid nooit losgelaten. In november 2020 heeft de regering eindelijk een Commissie Draagkracht ingesteld, die dit fundamentele vraagstuk in beeld moet brengen.[8]

Een scheef voorbeeld over draagkracht

Laten we eens kijken naar de volgende twee voorbeeldhuishoudens. Het ene huishouden is een parttime werkende alleenstaande ouder met één kind. Zij werkt drie dagen per week als lerares op de basisschool en verdient daarmee ongeveer het wettelijk minimumloon, namelijk € 21.800.

	Alleenstaande ouder	Alleenverdiener
Verzamelinkomen	**€ 21.800**	**€ 36.500**
Af inkomstenbelasting	-€ 8140	-€ 13.630
Algemene heffingskorting	€ 2650	€ 1816
Arbeidskorting	€ 3602	€ 3727
IACK	€ 1916	€ 0
Niet realiseerbare heffingskortingen	-€ 28	€ 0
Netto-inkomen	**€ 21.800**	**€ 28.413**
Toeslagen		
Huurtoeslag	€ 3804	€ 636
Kindgebonden budget	€ 4344	€ 2184
Zorgtoeslag	€ 1200	€ 348
Kinderbijslag	€ 1076	€ 2152
Netto na toeslagen en kinderbijslag	**€ 32.224**	**€ 33.733**
Af: nominale premie zorgverzekering	-€ 1320	-€ 2640
Beschikbaar	**€ 30.904**	**€ 31.093**

Bron: eigen berekeningen. Belastingen en toeslagen over 2020

Figuur 7. Tabel: van verzamelinkomen naar beschikbaar inkomen voor alleenstaande ouder en alleenverdiener

Ze heeft ook een collega, die vijf dagen per week werkt. Hij is alleenverdiener, heeft twee kinderen, een zieke vrouw zonder uitkering en verdient € 36.500. Zij wonen naast elkaar in dezelfde rij huurwoningen en betalen allebei 600 euro huur per maand.

Van hun netto-inkomen houden zij na belastingen, na toeslagen en na de huur en de zorgpremie betaald te hebben, hetzelfde over. Laat dit even tot u doordringen: de kostwinner, die 75 procent meer verdient (omdat hij meer werkt), die twee keer zoveel monden moet voeden (twee volwassenen en twee kinderen), houdt netto net zoveel over als de alleenstaande ouder.

Het draagkrachtbeginsel is hier ergens onderweg helemaal verloren. Laten we even inzoomen waar het verschil ontstaat:

De alleenverdiener heeft geen recht op de inkomensafhankelijke combinatiekorting (IACK). Die krijgt namelijk alleen de alleenstaande ouder en niet de minst verdienende partner. Dat scheelt in dit voorbeeld al bijna 2000 euro netto per jaar. Bij het kindgebonden budget zijn er twee tabellen: eentje voor alleenstaande ouders en een voor tweeoudergezinnen. Alleenstaande ouders krijgen de alleenstaandeouderkop van € 3190 per jaar. Door deze twee grote extra posten en door het feit dat de alleenverdiener natuurlijk meer belasting betaalt en minder toeslagen krijgt, komen ze op hetzelfde niveau uit.

Dit is niet eens het ergste voorbeeld dat verzonnen kan worden.[9] Als de alleenstaande ouder een zelfstandige ondernemer is, dan heeft zij nog vele duizenden euro's aan extra voordelen.

Bovendien is er nog een zaak die hier opvalt: als een tweeverdienershuishouden met twee kinderen en twee inkomens gaat scheiden en ieder schrijft één kind in op het nieuwe adres, en beide partners houden hun eigen baan, dan stijgt het gezamenlijke inkomen algauw met zo'n 8000 euro per jaar. Beiden krijgen dan namelijk de alleenstaandeouderkop en de meest verdienende ouder krijgt ook nog de IACK. Omgekeerd is het voor twee alleenstaande ouders die elkaar leuk vinden financieel dus onaantrekkelijk om samen een huishouden te gaan voeren, want dan verliezen zij algauw 8000 euro netto per jaar. Voor sommige mensen komt dit als een forse verrassing.

Draagkracht en een woning

Al deze koopkrachtplaatjes gaan ervan uit dat de goederen in het koopkrachtplaatje beschikbaar zijn. Het koopkrachtplaatje loopt echter helemaal scheef bij forse zorgkosten. Ook gaat het koopkrachtplaatje er impliciet van uit dat de voorzieningen beschikbaar zijn. Maar als je op een passende huurwoning meer dan tien jaar moet wachten en er geen betaalbare koopwoningen zijn, dan kun je, zeker als alleenstaande, helemaal nergens terecht met een modaal inkomen in bijvoorbeeld de regio Amsterdam of de regio Utrecht. Je moet dan forse reiskosten maken of een kamer gaan huren in plaats van een woning. De penibele woningmarkt veroorzaakt kortom serieuze koopkrachtproblemen voor mensen die op dit moment geen woning in de buurt van hun werk hebben. Wederom: in de standaardkoopkrachtplaatjes speelt dit geen rol. Dit terwijl een starter twintig jaar geleden aanzienlijk meer koopkracht had. De grotere problemen op de woningmarkt hebben een direct effect op de effectieve koopkracht maar dat is niet zichtbaar in de koopkrachtplaatjes.

Het CPB-model als drijver

Het staat politici natuurlijk volledig vrij om voorstellen te doen. Echter, pers en politiek beoordelen belastingmaatregelen in verkiezingsprogramma's langs twee maatstaven: arbeidsparticipatie en de ongelijkheid en dan met name de ginicoëfficiënt. Dit worden de facto spelregels van de partijprogramma's en de doorrekeningen. Het zijn extreem politieke keuzes vermomd in een technocratisch jasje.

Voor de verkiezingsprogramma's heeft de WRR de afgelopen jaren geen rapport geschreven over het belastingstelsel. Er is ook geen adviesraad over belastingaangelegenheden. Politieke partijen hebben zeer kleine wetenschappelijke instituten, waar slechts een handvol mensen werken. Twee partijen hebben uitgebreide lijsten gemaakt met voorstellen voor politieke partijen: de staatssecretaris van Financiën heeft na uitgebreide consultaties bouwstenen voor een nieuw belastingstelsel gepubliceerd. Het is een zeer lange lijst van opties. Het Centraal Planbureau heeft een lange lijst gepubliceerd met 'kansrijk belastingbeleid'. Die serie kansrijk beleid is een soort service van het CPB om te laten zien wat goed beleid is en wat niet. De vele rapporten met kansrijk beleid geven aan welke maatregelen goed zijn in de literatuur en de modellen. Deze rapporten werken de facto als een lijst beleidsmaatregelen waaruit de politieke partijen moeten kiezen. Kiezen zij iets anders, dan weten zij dat zij een slecht rapportcijfer krijgen. Ook als zij heel goede politieke redenen hebben om dat te doen. Verderop volgt een voorbeeld over de AOW-leeftijd.

In 'kansrijk belastingbeleid' staat een lange lijst belastingmaatregelen. Die worden slechts op twee punten gescoord: leiden ze tot meer arbeidsaanbod en leiden ze tot minder ongelijkheid?

Arbeidsaanbod betekent iets heel precies in de econometrische modellen: dit betekent dat mensen een grotere prikkel hebben om te werken en daarom meer gaan werken. In de algemene evenwichtsmodellen leidt dat op de lange termijn ook tot extra aanbod van banen en dus werkgelegenheid. De krantenkop is dan: dit verkiezingsprogramma levert banen op! En degene die de meeste banen scoort, wint en krijgt een mooie krantenkop. Maar het gaat niet over banen die morgen beschikbaar zijn voor de huidige werklozen. Die indruk wordt echter wel gewekt.

Een voorbeeld werkt wellicht verhelderend: als je de AOW-leeftijd bevriest of verlaagt, leidt dat tot heel veel minder arbeidsaanbod en banen. Maar het leidt niet tot werkloosheid. En omgekeerd is een extra verhoging van de AOW-leeftijd een wondermiddel voor zowel de begroting (minder uitgaven) als het aantal banen. Het gevolg is verder dat het belastingstelsel en de uitkeringsstelsels in Nederland volgestopt worden met extreme prikkels en hoge boetes. Mensen die dan echt niet kunnen werken of echt geen werk kunnen vinden, betalen daarvoor de rekening. Omdat een politieke partij natuurlijk niet in de krant wil staan met het nieuws dat haar verkiezingsprogramma tot minder banen leidt, gaat iedereen mee in dit spel. Het gevolg is dat de soms snoeiharde maatregelen om mensen te prikkelen ook in regeerakkoorden terechtkomen. Die ratrace kan heel gemakkelijk tot werkende armen leiden, tot heel nare inkomensvallen leiden en tot de introductie van zulke heftige prikkels leiden dat deze als martelwerktuigen ervaren worden.

Het verhogen van de IACK leidt eveneens tot fors meer arbeidsaanbod in de modellen van het CPB, en dus tot meer banen. Een aantal politieke partijen wilde het belastingvoordeel flink verhogen in 2017. Zo verhoogde de VVD het belastingvoordeel tot bijna 5000 euro en werd deze partij in veel kranten de banenkampioen genoemd. Dat zo'n extreme verhoging van de IACK geleid zou hebben tot een nog veel schevere vergelijking van de modale eenverdiener en de alleenstaande ouder op minimumloon werd nergens vermeld. De modale eenverdiener zou fors minder overhouden per maand met dit soort plannen. Vanuit het oogpunt van draagkracht was het een totaal onzinnig plan. Maar ja, het leverde mooie krantenkoppen op. En voor veel mensen is het doorgronden van tientallen pagina's maatregelen en hun verkiezingsprogramma's vlak voor de verkiezingen ondoenlijk.

Modellen en transparantie

Koopkrachtmodellen zijn maar één voorbeeld van een breed scala aan modellen dat de overheid gebruikt. Bijna elk groot beleidsprobleem wordt opgelost als de modellen zeggen dat het opgelost wordt. Of het nu gaat om het aantal coronabesmettingen en de benodigde ic-bedden, de stikstofuitstoot, de verkoop van elektrische auto's of het klimaatbeleid: de overheid lost het op in de modellen, niet de werkelijkheid.

Over het gebruik van die modellen moeten we hoognodig een debat voeren. Het koopkrachtmodel is in feite nog een toonbeeld van eenvoud en transparantie in vergelijking met de modellen die in de komende pagina's aan bod komen. Want inkomen in euro's is heel goed meetbaar, en bij een inhoudelijke discussie kom je er meestal wel uit hoeveel een gezin of een persoon werkelijk te besteden heeft en hoe je dat kunt of moet vergelijken met een ander huishouden. Er is discussie bij de politieke weging en die hoort er ook te zijn.

De econometrische modellen die voor beleid gebruikt worden, bestaan meestal uit een gestileerde beschrijving van de werkelijkheid in de vorm van een aantal aannames en een aantal vergelijkingen. Neem bijvoorbeeld een model voor de verkoop van elektrische auto's. Daarin wordt een aanname gemaakt hoe duur de batterij is – veruit het duurste onderdeel van de auto – en hoe die prijs zich de komende jaren gaat ontwikkelen. Daarnaast zijn er vergelijkingen die aangeven hoeveel auto's er verkocht worden. Dus de verkoop van kleine elektrische auto's hangt af van de prijs, maar ook van andere beschikbare auto's (kleine benzineauto's maar ook de net iets grotere elektrische auto's) en hun prijs, van de economische omstandigheden en meer. Die vergelijkingen worden naar beste vermogen geschat. Maar ook een simpel model bevat algauw tientallen aannames en schattingen. En al die aannames en schattingen zijn met onzekerheid omgeven.

De gouden standaard in natuurwetenschappen is dat een experiment reproduceerbaar is. In de context van econometrische modellen houdt dit in dat je modellen openbaar moeten zijn, zodat duidelijk is welke aannames je maakt en welke schattingen je hebt. Op basis daarvan kan er vervolgens een discussie worden gevoerd over de gebruikte modellen en de gebruikte aannames. Het klinkt misschien verbazingwekkend, maar de overheid en de planbureaus hebben zich op geen enkele wijze gecommitteerd aan zo'n standaard. De modellen zijn vaak openbaar, maar ook regelmatig geheim. En het achterhalen van een aantal aannames kost grote moeite of is onmogelijk.

Tegelijk wordt de output van modellen als absolute waarheid gepresenteerd, ook als een model keer op keer gefaald heeft bij voorspellen (zoals dit bijvoorbeeld bij elektrische auto's het geval was). Het is bijna onmogelijk om de discussie hierover aan te gaan. Niet alleen omdat sommige modellen geheim zijn, maar ook omdat je wordt neergezet als een slechte verliezer, zelfs als je van tevoren gewaarschuwd hebt. Want de media zijn, helemaal vlak voor de verkiezingen, kort en snel.

Fouten en veranderingen in modellen

Eén fout in een enkele aanname kan de uitkomst van het model en het beleid al radicaal veranderen. Zo stelde het RIVM aan het begin van de coronacrisis dat de gemiddelde ic-opname van een coronapatiënt tien dagen zou duren. Het RIVM stelde dat bij naar 23 dagen[10] en dat betekende dat er dus 130 procent meer ic-bedden nodig zouden zijn. Een verschil in één aanname maakte dus al een wereld van verschil.

Ook bij het model over elektrische auto's zaten de voorspellingen er regelmatig fors naast. Het Planbureau voor de Leefomgeving onderschatte de daling voor de batterijkosten in 2012. Het verwachtte een geleidelijke daling tot 2050 (net als veel andere onderzoekers overigens). Het prijsniveau dat het PBL in 2050 verwachtte, werd echter al in 2018 bereikt door grote doorbraken in batterijtechnologie en -productie. Werkelijk iedere keer onderschatte de regering hoeveel mensen gebruik zouden maken van plug-inauto's of elektrische auto's wanneer er een belastingkorting of vrijstelling werd vastgesteld. Een voorbeeld? Bij de start van het kabinet-Rutte II in 2012 dacht de regering dat de belastingkorting op semi-elektrische auto's (de afzichtelijke Mitsubishi Outlander, die overigens vaker zeer onzuinig op benzine reed dan op elektriciteit) in 2015 en 2016 € 215.000.000 per jaar zou kosten. Het werd bijna het viervoudige.[11] Gewoon omdat het model er mijlenver naast zat. En dit specifieke model, dat geen eigendom van de regering is, niet openbaar is en waar maar liefst 5200 inputvariabelen in zitten, wordt nog steeds gebruikt voor beleid.

Gewijzigd model? Gewijzigd beleid

De discussie rondom het minimumloon is een voorbeeld van een discussie die volledig gedomineerd wordt door de modellenlogica. De vraag naar wat we een redelijk bestaansminimum vinden, is de afgelopen decennia naar de achtergrond verschoven. Het minimumloon is een arbeidsmarktinstrument, dat alleen veranderd wordt wanneer de modellen van het CPB het toelaten.

Nederland had tot 2017 een jeugdminimumloon voor jongeren tot 23 jaar. Dat betekende dat je als 18-jarige slechts 45,5 procent van het minimumloon verdiende en als 21-jarige 72,5 procent van het minimumloon. Voor volwassenen was dat € 1565 per maand maar voor een voltijds werkende 18-jarige € 618 per maand. In andere landen ligt het jeugdminimumloon slechts een klein beetje onder het volwassenenminimumloon. In België bijvoorbeeld bedraagt het minimumloon 82 procent voor een 18-jarige en in Frankrijk is het gewoon 100 procent van het volwassenenminimumloon.

In 2017 besloot het kabinet het minimumjeugdloon stapsgewijs wat te verhogen, namelijk naar 50 procent voor een 18-jarige en naar 100 procent voor een 21-jarige. Het kabinet was op basis van een notitie van het CPB zo bang geworden voor baanverlies dat de jaren erop een subsidie ingevoerd werd. Een werkgever kreeg bijna de hele verhoging van het jeugdminimumloon voor een 21-jarige gecompenseerd en kreeg een subsidie van € 1,58 voor elk uur dat een 21-jarige tegen het jeugdminimumloon arbeid verrichtte. Dus als je een 21-jarige 160 uur vakantiewerk liet doen, kreeg je als baas van een strandtent dik € 250 subsidie. Daarna is de subsidie voor 21-jarigen afgeschaft en bedraagt die nog € 0,07 en € 0,08 per uur voor 18- en 19-jarigen. Het is nauwelijks voorstelbaar dat iemand nog denkt dat deze subsidie effect heeft.

In 2016 gaf het CPB in kansrijk arbeidsmarktbeleid nog aan

dat een verhoging van het wettelijk minimumloon met 5 procent ongeveer 0,3 procent minder arbeidsjaren zou opleveren. Dat zijn dus 20.000 werkenden minder. Recentelijk heeft het CPB die cijfers herzien. Een stijging van 10 procent van het minimumloon heeft nu geen effect meer op het aantal arbeidsjaren. Het gevolg is dat veel politieke partijen het dit jaar opnemen in het verkiezingsprogramma, omdat dit het goed doet in de modellen en niet omdat er een diepe overtuiging aan ten grondslag ligt over de hoogte van het minimumloon. Bij een van de hoekstenen van de sociale zekerheid, het minimumloon, zijn dus juist de modellen leidend geworden en is er en passant een subsidie ingevoerd waarvan de huidige effectiviteit ernstig betwijfeld wordt.

De echte discussie aan de onderkant van de arbeidsmarkt, namelijk die rond de massale tijdelijke krachten die in Nederland werkzaam zijn onder soms zeer slechte arbeidsomstandigheden, zit niet in de modellen en niet in kansrijk arbeidsmarktbeleid. Er zijn geen beleidsopties uitgewerkt om hiermee om te gaan (behalve het beperken van het recht op bijstand). Het niet uitwerken van beleid voor een belangrijk probleem is natuurlijk ook gewoon een impliciete beleidskeuze. Dit valt des te meer op omdat het CPB in 2004 de effecten van het vrije verkeer van personen en arbeiders uit Midden-Europese landen volledig onderschatte in een verbijsterende notitie[12] en slechts in duizendtallen dacht. De werkelijke migratie was soms bijna tien keer groter dan wat het CPB verwachtte met zeer forse sociale gevolgen, zoals we nu inmiddels weten.

Modellen: de definitie

Bij de energietransitie en de klimaattransitie worden de uitkomsten berekend in 'nationale kosten'. Deze nationale kosten zijn de kosten zonder hierin de subsidies en belastingvoordelen mee te rekenen. De precieze berekeningen van het klimaatakkoord zijn niet openbaar, dus hoe men aan de uitkomsten komt is niet duidelijk. Laat ik een voorbeeld geven: de 'nationale kosten' van elektrisch rijden zijn volgens het PBL in 2030 zelfs positief en tot die tijd gematigd, terwijl de Algemene Rekenkamer (ARK) een aantal keren gehakt gemaakt heeft van de kosten van stimuleren van elektrisch rijden.[13] Zo schat de ARK de fiscale kosten van een ton vermeden CO_2 op 1700 à 2000 euro. Ter vergelijking: je kunt het recht om een ton CO_2 uit te stoten voor ongeveer 20 euro kopen, dus voor een fractie van die prijs. In de nationale kosten zijn subsidies en fiscale stimulansen niet inbegrepen, terwijl die kosten wel drukken op de staat en dus op huishoudens. Het gevolg is dat de ene adviseur van de regering (Planbureau voor de Leefomgeving (PBL)) op basis van berekeningen zegt: 'Doen!', terwijl de andere (Algemene Rekenkamer) op basis van modellen zegt: 'Niet doen!'

Dit voorbeeld geeft in een notendop de noodzaak aan om modellen transparant te maken (wat ze bij het PBL niet zijn) en om eenduidige en open definities te hebben. Want als je de kosten van subsidies en fiscale kortingen of belastingen weglaat, dan kun je bijna alles tegen zogenaamd nul maatschappelijke kosten rondkrijgen. De redenen dat dit niet gebeurt zijn overigens talrijk: de klimaatdiscussie lijkt bij tijd en wijle een religieuze discussie geworden, waarbij de kosteneffectiviteit als eerste direct naar de achtergrond verdwijnt. Verder is een discussie over modellen in de Tweede Kamer vrijwel kansloos omdat je maximaal twee of drie interrupties hebt in een debat, zodat je niet kunt doorpakken.

Slotbeschouwing

De modellenwereld is in Nederland totaal dominant als het gaat om koopkracht, om de coronacrisis, om de stikstof en om het klimaatbeleid. Dat leidt verrassend genoeg tot onuitlegbare beleidskeuzes vanuit politiek perspectief. De uitweg uit deze kluwen is alleen mogelijk wanneer we beseffen dat modellen een volstrekt onvolledige en subjectieve samenvatting zijn van de werkelijkheid, en dat modellen fouten kunnen en zullen bevatten. Pas nadat we ons dit realiseren zal duidelijk worden dat een niet-modelgedreven discussie over koopkracht, over klimaat en over stikstof noodzakelijk is.

We kunnen het ons niet veroorloven in Nederland om voortdurend vanuit een modelwereld te redenen en vervolgens de goedkoopste modeloptie te kiezen. Want dan eindig je met biomassacentrales, omdat die in de modellen van de IPCC netto geen CO_2-uitstoot hebben. Maar je kapt wellicht de verkeerde bossen. Puur en alleen varen op modellen levert serieuze problemen op, zoals we ook zagen bij de koopkracht van de eenverdiener. Na deze discussies over de echte beleidsprioriteiten is een doorrekening van maatregelen en ondersteunende actie nodig. Maar die actie is alleen zinvol als er een gouden standaard voor definities en voor modellen ingevoerd wordt: modellen worden onafhankelijk van de overheid gemaakt en zijn volledig transparant. Ze worden met andere woorden extern gevalideerd en geverifieerd. Daarnaast is het van belang dat kritiek op modellen en de input op modellen serieus wordt genomen. Want we kunnen die zonsverduistering in 2290 wel voorspellen, maar de modellen, waarin ook menselijk gedrag zit, zijn essentieel. Ze moeten immers beantwoorden aan de werkelijkheid, en het moet niet zo zijn dat de 'werkelijkheid' die van de modellen wordt, opgebouwd uit (onjuiste) aannames.

Tot slot moeten we dringend een discussie voeren over de vraag waarom er een veelvoud aan voorlichters en communicatiemedewerkers op ministeries werkt in vergelijking met de mensen – inclusief de voorlichters – die bij denktanks actief zijn. Een land dat vooruit wil kijken, neemt ook de tijd om na te denken hoe sociale zekerheid, energie, klimaat en veiligheid er normatief uit zouden moeten zien en voert daarover een open discussie. Denktanks kunnen hier een cruciale rol invervullen. Niet voor niets hebben omringende landen veel grotere denktanks bij zowel overheid als politieke partijen. Nederland heeft hier nog een belangrijke stap te zetten.

DEEL IV

Het toeslagenschandaal

Het kinderopvangtoeslagenschandaal begon voor mij met een mailtje van Eva González Pérez. Zij is de advocate van een aantal ouders en echtgenote van de eigenaar van de kinderopvanginstelling Dadim in Eindhoven. Zij mailde mij op 6 juni 2017 en, heel uitzonderlijk, antwoordde ik nog dezelfde dag op haar mail. Haar lange verhaal intrigeerde mij: er zouden honderden ouders zijn wier kinderopvangtoeslag door de Belastingdienst was stopgezet. In de brief die deze ouders van de Belastingdienst hadden ontvangen werd geen reden voor de stopzetting opgegeven. Wel moesten zij allemaal de kinderopvangtoeslag die zij tot dan toe hadden ontvangen in één keer terugbetalen. Een betalingsregeling werd niet door de Belastingdienst aangeboden. De ouders maakten natuurlijk bezwaar tegen de stopzetting en de terugvorderingen, maar kregen soms twee jaar geen antwoord.

Het klonk gedeeltelijk ongeloofwaardig en gedeeltelijk niet. De afgelopen jaren had ik vaker te maken gekregen met mensen die volledig in de knel waren gekomen door de Nederlandse overheid. Soms probeerde ik een zaak op te pakken. Waarom ik uitgerekend deze zaak oppakte kan ik me niet meer exact herinneren, maar het had zeker te maken met het feit dat González Pérez voor een aantal van deze aantijgingen duidelijk bewijs op tafel legde. Ze had namelijk iets was ik niet had: een uiterst gestructureerd archief.

Wat zich de jaren daarop ontvouwde is de openbaring van een schandaal. Een waarvan ik heel lang dacht dat het beperkt zou zijn tot een enkele miskleun, zoals een belastingambtenaar die er gewoon een keer naast kan zitten en dan een poging doet om het dossier niet op te lossen maar te verbergen. Het werd mij zeker niet onmiddellijk duidelijk dat het om veel meer ging.

Ik ga een stuk hiervan – niet alles, want daar ontbreekt mij de tijd voor – beschrijven. Omdat het verhaal eigenlijk niet thuishoort in een volwassen democratie met macht en tegenmacht, met rechtsbescherming en met onafhankelijke instellingen, zoals de rechterlijke macht, die burgers moet beschermen. Met een Tweede Kamer en regering die goede wetgeving en goed beleid moeten maken. En met een samenleving waarin instituties zoals de vrije pers en waakhonden en belangenorganisaties zouden moeten ingrijpen als er een groep burgers structureel klemgezet wordt door de overheid. Ik schrijf het op omdat vooralsnog niemand het hele plaatje ziet en ingrijpt.

De kinderopvangtoeslag

De kinderopvangtoeslag is een zeer ingewikkelde regeling. De toeslag hangt af van het geschatte gezinsinkomen in het lopende jaar en van het geschatte aantal uren dat je opvang nodig hebt. Het is dus geen subsidie die je aanvraagt, maar een voorschot. Bij een subsidie krijg je een bedrag toegekend. Als je fouten bij de aanvraag maakt, krijg je geen subsidie. Bij een toeslag krijg je gedurende het jaar een voorschot en doe je pas na afloop van het jaar de formele aanvraag. Als dan blijkt dat je geen recht had, dan moet je achteraf dus een heel jaar of meer terugbetalen.

In het begin van de kinderopvangtoeslag[1] (2005) was de regeling nog regelarm en werd het zelfs aangemoedigd om de kinderopvang betaald binnen familieverband of bij vrienden te laten plaatsvinden. Pas toen het heel hard ging met de opa-en-omasubsidie werden in 2009 en 2010 meer eisen gesteld aan de gastouderopvang, zoals een relevant diploma op ten minste mbo 2-niveau.

Het feit dat heel veel mogelijk was zonder noemenswaardig pedagogisch toezicht was één factor, waardoor allerlei bureaus en constructies opkwamen, waarop onvoldoende toezicht mogelijk was. De tweede factor was dat de hele financiële stroom via de ouder liep. Bij een relatief laag inkomen betaalde een ouder zo'n 1000 euro per maand en kreeg dan € 960 per maand als kinderopvangtoeslag. Voor een eenoudergezin met bijvoorbeeld twee kinderen die nog niet naar de basisschool gingen, was de kinderopvangtoeslag vaak hoger dan het nettomaandinkomen.

Helemaal aan het begin was het ook nog zo dat er geen relatie hoefde te bestaan tussen het aantal gewerkte uren en het aantal uren kinderopvangtoeslag. Je kon dan bijvoorbeeld vijftig uur kinderopvangtoeslag per week claimen, al werkte de minst verdienende partner maar een dag per week. En tot slot was het ICT-systeem van de Belastingdienst een puinhoop in de eerste jaren.

De Algemene Rekenkamer waarschuwde vanaf 2005 al zeer regelmatig[2] voor de problemen. Jarenlang waren de toeslagen een 'ernstige onvolkomenheid', de zwaarste kwalificatie die een deel van de overheid kan krijgen. Toen de Rekenkamer in juni 2019 (een maand die later een scharniermoment blijkt te zijn) een snoeihard waarschuwend rapport[3] schreef over hoge terugvorderingen, stuurde de regering simpelweg geen antwoord[4] aan dit hoge college van de staat. Dat was geen uitzondering maar bleek een constante te zijn in het gedrag van de regering.

De regering en de Tweede Kamer hebben, wat de kinderopvangtoeslag betreft, geen goede uitvoerbare wetten gemaakt als wetgever. Dat leverde aan twee kanten problemen op: aan de ene kant was de regeling vanaf het begin gevoelig voor fraude en oneigenlijk gebruik. Aan de andere kant was de regeling vanaf het begin ingewikkeld. De Raad van State waarschuwde voor de uitvoering door de Belastingdienst en ook de wetsbehandeling was chaotisch met tientallen amendementen en een krappe meerderheid die voor stemde in zowel de Tweede als de Eerste Kamer. Partijen, zoals de PvdA, die de wet mede hadden ingediend in 2002, stemden uiteindelijk tegen de wet die werd aangenomen. De wet was namelijk totaal anders geworden.

De uitvoering bleek ook in politiek opzicht ingewikkeld. Zo was de staatssecretaris van Onderwijs beleidsverantwoordelijk voor de kinderopvangtoeslag en het budget, terwijl de staatssecretaris van Financiën verantwoordelijk was voor de toeslagen. Later beschouwde men de kinderopvangtoeslag als een 'arbeidsmarktinstrument' (ja, dit woord) en werd het ministerie van Sociale Zaken en Werkgelegenheid beleidsverantwoordelijk. Boven de toeslagenwetten hangt bovendien nog de Algemene Wet Inkomensafhankelijke Regelingen (Awir), die regels stelt over alle toeslagenwetten. Het toont de complexiteit van de hele structuur.

> Wij worden ergens van verdacht, maar we weten niet waarvan. De onschuld is ons afgenomen en ondertussen zijn wij de Belastingdienst tienduizenden euro's verschuldigd. Probeer je eens, als gezagsgetrouwe burger, in deze situatie te verplaatsen... [...] Als men in zulke situaties terechtkomt weet je je geen raad meer. Voor ons was dit een jarenlange nachtmerrie die zware consequenties met zich heeft meegebracht. Ik ben er persoonlijk ziek van geworden.
> (citaat gedupeerde)

Welke groepen werden slachtoffer

In het kinderopvangtoeslagschandaal zijn tot nu toe drie groepen ouders te onderscheiden die in de knel kwamen: ouders die te maken kregen met de hardheid van de regeling, ouders die te maken kregen met de fraudejacht en ouders die het label opzet/grove schuld kregen. Die laatste groep was in de systemen van de overheid als fraudeur aangemerkt en dat had allerlei zeer ingrijpende gevolgen. Ook waren er ouders uit de eerste twee groepen die het label 'fraudeur' kregen.

De hardheid van de regeling werkte als volgt: als je een foutje maakte (denk bijvoorbeeld aan het niet opschrijven van het adres van het kind op het aanvraagformulier of een rekenfout van 100 euro bij de verantwoording), dan kreeg je van de Belastingdienst een terugvordering van het hele bedrag ineéns over het hele jaar. Dat kon algauw oplopen tot een bedrag van 10.000 euro of 20.000 euro in een jaar. Daarmee kwamen ouders acuut in de problemen.

Deze interpretatie van de wet bij de toeslagregelgeving is zeer discutabel. De wet was ook voor de Belastingdienst zelf niet duidelijk. Daarom vroeg de Belastingdienst in 2009 de landsadvocaat[5] om uitleg over het specifieke geval waarin ouders helemaal geen eigen bijdrage betaald hadden. Dat conceptadvies[6] kreeg de Kamer pas onder ogen na het aftreden van het kabinet in januari 2021. Het conceptadvies maakt duidelijk dat de hele verdedigingslijn die het kabinet in de voorgaande jaren gevolgd had niet deugde. Zo zei staatssecretaris Alexandra van Huffelen in juni 2020 nog: ‘De hardheid van het stelsel is natuurlijk gelegen in de strikte toeslagregelgeving die daarvoor geldt en de vervolgens daaruit voortvloeiende strikte uitvoering door de Belastingdienst.’ Vragen uit welk wetsartikel dat dan volgde werden stelselmatig ontweken en niet beantwoord.

Uit het advies van de landsadvocaat kon worden opgemaakt dat de wet helemaal niet strikt was. De uitvoering was dat wel, doordat de Belastingdienst bij een kleine fout rücksichtslos het hele bedrag aan kinderopvangtoeslag over het hele jaar in één keer terugvorderde, zonder de individuele omstandigheden in ogenschouw te nemen. De landsadvocaat had de Belastingdienst duidelijk verteld dat ze iedere individuele zaak eerst moesten beoordelen voordat een toeslag opgeschort zou worden. En de landsadvocaat had het redelijk gevonden om in gevallen waar de eigen bijdrage niet betaald was, slechts een deel van de kinderopvangtoeslag terug te vorderen en niet het hele bedrag. Toch deed de Belastingdienst dat laatste, met forse gevolgen.

De fraudejacht

De fraudejacht bestond al heel lang. Onder invloed van maatschappelijke en politieke druk om fraude en oneigenlijk gebruik van toeslagen te bestrijden, is in 2013 door de Belastingdienst het Combiteam Aanpak Facilitators (CAF) opgezet. Dit team onderzoekt vermoedens van georganiseerde fraude bij belastingontduiking en toeslagen. De zaak uit 2014 van Eva González Pérez, waarbij de kinderopvangtoeslag van een grote groep ouders ineens werd stopgezet, is de bekendste en wordt de CAF 11-zaak genoemd.

Vooral gastouderbureaus die volgens de Belastingdienst fraudeerden, werden als facilitator aangemerkt. Via gerichte acties werd de kinderopvangtoeslag van een hele groep ouders tegelijk tussentijds stopgezet. Het doel hiervan was dat het gastouderbureau zou verdwijnen omdat ouders zouden overstappen. Het bureau zou vervolgd worden door het Openbaar Ministerie (OM), terwijl de Belastingdienst de ouders zou aanpakken, zo spraken het OM, de FIOD en de Belastingdienst/Toeslagen met elkaar af.

In de praktijk werden vooral de ouders keihard aangepakt via het bestuursrecht, want vaak moesten zij grote bedragen terugbetalen. De vervolging van de zogenaamd frauderende gastouderbureaus verliep een stuk moeizamer. Tot nu toe is er slechts een handvol veroordeeld van de ongeveer 170 bureaus die zijn aangepakt. Het lijkt erop dat mensen zijn weggejaagd en dat het bureau met rust gelaten werd of dat er gewoon geen strafrechtelijke veroordeling volgde. Wat ook meespeelt, is dat de bescherming van de rechten van de verdachten in het strafrecht aanzienlijk beter geregeld is dan de bescherming van de burger in het bestuursrecht ten opzichte van de overheid, zoals we verderop zullen zien.

González Pérez stond de ouders in veel van deze zaken bij. Na jaren doorvragen kwam naar boven dat in de CAF 11-zaak, en ook in andere zaken, de Belastingdienst/Toeslagen bedragen had teruggevorderd op basis van oude en niet gevalideerde signalen. Sinds juni 2017 is vast komen te staan[7] dat het groepsgewijs stopzetten van de kinderopvangtoeslagen door de Belastingdienst/Toeslagen illegaal was, want ze hadden per gezin eerst onderzoek moeten doen en dan pas mogen opschorten. En wanneer de Belastingdienst/Toeslagen bij een ouder een onvolkomenheid vond, had hij volgens de wet eerst een rappelbrief moeten sturen. Dat deed hij echter jarenlang niet, zodat ouders niet de gelegenheid kregen om een fout te herstellen, voor zover hier überhaupt sprake van was. De Belastingdienst/Toeslagen vertelde de nationale ombudsman dat dit rechtgezet was. Dat bleek later, wat een aantal processen betreft, niet te kloppen.

Ook is vast komen te staan dat de Belastingdienst de toeslagen stopzette en niet opschortte (pauzeerde). Dat mocht al helemaal niet omdat ouders hierdoor onmiddellijk geen recht meer op kinderopvangtoeslag hadden, ook als ze later konden aantonen dat wel te hebben. Nieuwe aanvragen van deze ouders werden online geblokkeerd, waardoor het niet mogelijk was om naar een ander gastouderbureau over te stappen. Dit bleek overigens pas achteraf want destijds kreeg iedereen te horen dat men moest wachten en in bezwaar moest. De ouders kregen dus niet te horen dat ze elders wel toeslag zouden krijgen, aangezien zij als fraudeur werden gezien.

Tot slot is vast komen te staan dat ouders heel vaak dossiers hebben aangeleverd maar dat men bij de Belastingdienst geïnstrueerd was om hun niet te vertellen wat ze moesten aanleveren. Veel van de stukken die wel werden aangeleverd raakten 'kwijt'. Vervolgens werden de kinderopvangtoeslagen van het lopende jaar, en soms ook van een aantal voorgaande jaren, teruggevorderd. Natuurlijk gingen de ouders in bezwaar, maar die bezwaren bleven soms wel twee jaar liggen terwijl de maximale bezwaartermijn zes weken is.[8] Een grote groep ouders is vervolgens in beroep gegaan bij de rechtbank. Dit is uiteindelijk de enige plek geweest waar meer dan vierduizend ouders gelijk kregen, vlak voor de rechtszaak plaatshad. Dat gelijk kregen zij dus niet van de rechter, maar van de Belastingdienst. Dat zat zo: de Belastingdienst/Toeslagen wilde zo min mogelijk zaken verliezen en schikte[9] daarom grote aantallen ouders vlak voor de rechtszaak. Die ouders kregen dan van de Belastingdienst een aanbod zodat zij hun zaak introkken. Het is waarschijnlijk het enige moment geweest dat de Belastingdienst serieus naar de dossiers heeft gekeken.

Achterhouden van stukken bij de rechtbank en de Afdeling Bestuursrechtspraak van de Raad van State

In een fors aantal gevallen waarbij de ouders in beroep gingen leverde de Belastingdienst bij de rechtbank onvolledige dossiers aan. Zo liet de Belastingdienst alle informatie over het fraudeonderzoek weg en hield hij ook notities over de ouders achter, zoals de telefoonnotities van de Belastingtelefoon. En natuurlijk ontbraken de ingezonden stukken die zoekgeraakt zouden zijn. Dit is zeer zorgelijk in een rechtsstaat, want de rechter moet kunnen toetsen of het bestuursorgaan (de Belastingdienst) op basis van de beschikbare informatie het juiste besluit heeft genomen.

De Belastingdienst/Toeslagen ondermijnde hiermee dus de rechtsstaat en heeft pas na het aftreden van het kabinet in januari 2021 de notities op basis waarvan dat gebeurde vrijgegeven.[10] Al in 2018 vroeg de regering, na aandringen van de Kamer, een advies aan de landsadvocaat of stukken achtergehouden werden. Die concludeerde nog in datzelfde jaar dat de Belastingdienst/Toeslagen zich niet aan de wet hield en stukken achterhield – een advies[11] dat dus pas na het aftreden van het kabinet met de Kamer is gedeeld. Het advies is buitengewoon vernietigend voor de Belastingdienst. Toch heeft de Belastingdienst/Toeslagen na dat advies, voor zover ik weet, geen algemene beleidslijn gevolgd om zaken recht te zetten. Sterker nog: de instructies om stukken achter te houden bleven nog zeker een jaar na het advies van de landsadvocaat bestaan.[12] Bij de rechtbank en de Afdeling Bestuursrechtspraak van de Raad van State verloren deze ouders hierdoor vele zaken, met alle desastreuze gevolgen van dien.

De gevolgen van het stempel 'fraudeur'

Pas echt verwoest werden de levens van ouders die het label opzet/grove schuld kregen, zeg maar het stempeltje 'fraudeur'. Want wanneer je een terugvordering krijgt zonder dat stempeltje heb je nog bepaalde rechten: je beslagvrije voet – echt het minimum dat je nodig hebt – wordt gerespecteerd, je hebt toegang tot de schuldhulpverlening en uiteindelijk wordt de invordering stopgezet.

Zodra je echter het stempel 'fraudeur' krijgt, dien je alles in 24 maanden terug te betalen. Als dat niet lukt, bijvoorbeeld als je schuld heel hoog is, dan wordt je huis verkocht of je auto wordt in beslag genomen door de Belastingdienst. Dwanginvordering betekent ook: hoge kosten van deurwaarders, die het uitstaande bedrag nog verder doen oplopen. Je hebt geen recht op een afbetalingsregeling, geen recht op kwijtschelding, je kunt niet in de schuldsanering. Als gezin word je kortom helemaal klemgezet en dat vaak jarenlang. Daar komt nog bij dat je in allerlei andere systemen eveneens wordt aangemerkt als fraudeur. Dat kan je je baan kosten. Of je krijgt geen huis meer toegewezen. Je kunt geen leningen meer aangaan, geen hypotheek meer afsluiten.

Met dit stempeltje 'fraudeur' werd bepaald niet zorgvuldig omgesprongen. De staatssecretaris moest na een steekproef toegeven dat 94 à 96 procent van de opgelegde opzet/grove schuld niet meer als terecht kon worden beoordeeld[13] omdat de reden niet goed was vastgelegd of omdat er niet evident sprake was van misbruik of omdat de ouder niet goed geïnformeerd was. In latere notities blijkt dat in bepaalde situaties iedereen met een schuld van meer dan 10.000 euro, en soms meer dan 3000 euro, bijna automatisch[14] of zelfs geheel automatisch aangemerkt werd als fraudeur. Dit is natuurlijk bizar in een rechtsstaat.

Verjaardagen konden niet gevierd worden. Met de kinderbijslag kocht ik cadeautjes in de uitverkoop of de kringloop zo-

dat we de kinderen toch iets konden geven op hun verjaardag. Onze relatie stond al die jaren onder hoogspanning. Veel conflicten, ruzies om de financiën, verwijten en achterdocht. Het vertrouwen in elkaar was zo goed als weg. Je geeft elkaar de schuld van alle financiële ellende.
(citaat gedupeerde)

Macht en tegenmacht

Veel ouders kwamen door de handelwijze van de Belastingdienst dus ten onrechte volledig klem te zitten. Maar in een open democratische samenleving met een onafhankelijke rechterlijke macht zouden er meer dan genoeg mogelijkheden moeten zijn om onrecht weer recht te zetten. Dat kan via formele instituties of via minder formele instituties, zoals belangenbehartigers of actiegroepen. Juist dit hele systeem van instituties heeft, zo moeten we vaststellen, meer dan tien jaar lang gefaald. We zullen deze instituties één voor één langslopen en kijken wat er gebeurde en waar het misging.

Interne kritiek bij de Belastingdienst/Toeslagen

De eerste verdedigingslinie tegen machtsmisbruik is de organisatie zelf, of beter gezegd: deze zou dat moeten zijn. Interne kritiek wordt in de regel echter zeer bemoeilijkt en niet op waarde geschat, zoals ook bij de Belastingdienst pijnlijk helder is gebleken. Bij de Belastingdienst/Toeslagen grijpt bovendien een aantal mechanismes op elkaar in die een oplossing voor problemen die zich voordoen nog ingewikkelder maakt.

Ten eerste is de Belastingdienst behoorlijk opgeknipt. De burger kan de Belastingdienst of een belastinginspecteur niet benaderen per mail maar dient de belastingtelefoon te bellen. Dat heeft een aantal grote nadelen. Bij de belastingtelefoon werken relatief veel uitzendkrachten die na een aantal contracten vertrekken omdat zij anders een vast dienstverband zouden krijgen. Dit komt de informatieverstrekking niet ten goede. Daar komt bij dat een antwoord van de belastingtelefoon op zich niet rechtsgeldig is. Als er bij de belastingtelefoon een fout wordt gemaakt, dan is de burger verantwoordelijk, want volgens de wet is de burger verplicht alle wetten – dus ook de belastingwetten – te kennen, maar de belastingtelefoon is dat niet. Ook krijg je geen schriftelijk bewijs van het antwoord dat gegeven wordt. Hier kwam voor de getroffen ouders in de toeslagenaffaire nog een ander groot probleem bij. Toen zij wanhopig de belastingtelefoon belden in een poging opheldering over hun situatie te krijgen, kregen zij nul op het rekest. Want in de scripts van de medewerkers stond ijskoud aangegeven dat zij bepaalde informatie niet mochten geven omdat deze ouders fraudeurs zouden zijn.

De informatie dat deze ouders wanhopig bellen (of dat er een ander probleem is) komt dus niet snel terug bij het juiste bureau. Er is niemand verantwoordelijk voor oplossingen van complexe problemen en ook worden ingrijpende besluiten niet altijd zorgvuldig genomen. Zo kijkt er niet altijd een extra persoon bij ingrijpende besluiten mee, terwijl dat wel de bedoeling is. Daarbovenop hebben verschillende reorganisaties van de Belastingdienst geleid tot het vertrek van een groot aantal ervaren mensen, waaronder veel mensen met een fiscale of juridische achtergrond. Hiervoor zijn mensen in de plaats gekomen die vooral verstand hebben van data en modellen en werkzaam zijn op plaatsen als de Broedkamer – inmiddels omgedoopt tot de afdeling datafundamenten & analytics. Op deze afdeling zijn enorme databestanden aangelegd met algoritmes die aangeven wie er gecontroleerd wordt. Maar er is geen publieke uitleg hoe de algoritmes functioneren.

Ten tweede worden klokkenluiders niet gehoord en durven medewerkers hun mond niet open te doen, zo bleek ook in de toeslagenkwestie. De telefoongegevens van de ouders die wanhopig naar de belastingtelefoon hadden gebeld, kwamen niet in hun dossiers terecht die naar de rechtbanken gestuurd werden. Een medewerker van de Belastingdienst verschafte echter in een bepaald dossier toch de telefoonnotities aan González Pérez. In 2019 werd deze medewerker op non-actief gezet en kreeg hij voorwaardelijk strafontslag. Uiteindelijk werd dit teruggedraaid, waarschijnlijk als gevolg van een Kamerbreed gesteunde motie over klokkenluiders bij de Belastingdienst.[15]

Het wrange is dat deze klokkenluider door de Belastingdienst werd aangepakt nádat de landsadvocaat al aan de Belastingdienst/Toeslagen had verteld dat hij meer stukken moest verschaffen volgens de wet. De klokkenluider had met andere woorden precies gedaan wat de landsadvocaat geadviseerd had aan de Belastingdienst en toch werd hij keihard aangepakt. Een negatiever signaal kun je als organisatie niet afgeven: als je onrecht aan de kaak stelt buiten de organisatie, gaat de organisatie achter je aan. Dit gebeurt dus niet als je je niet aan de wet houdt.

Recent heeft de Belastingdienst onafhankelijke raadspersonen ingesteld bij de eigen organisatie. Uit hun eerste tussenrapportage[16] wordt duidelijk dat de medewerkers van de Belastingdienst vinden dat de problemen exclusief aan hen verweten worden en dat er veel te weinig aandacht is voor de politieke kant van de zaak. Wat opvalt is dat slechts 44 mensen zich meldden, dat één melding is ingetrokken uit vrees voor mogelijke repercussies en dat twee personen uit angst voor mogelijke gevolgen niet zijn ingegaan op uitnodigingen voor een gesprek. De Belastingdienst is kortom geen organisatie waar je misstanden intern veilig kunt melden, zoveel is mij wel duidelijk, ook uit interne contacten. Dit past overigens in een breder patroon hoe er in Nederland met klokkenluiders wordt omgesprongen.

Enkele cruciale momenten waarop niet werd gehandeld

De top van de Belastingdienst/Toeslagen en van de Belastingdienst wist heel goed dat individuele burgers grote problemen hadden door de alles-of-nietsbenadering in de CAF-zaken. Tot op het managementniveau werden individuele zaken besproken. Een aantal managers verklaarde later onder ede buikpijn te hebben van de gevolgen. Maar het feit is dat niemand handelde.

Het rapport van de commissie-Van Dam noemt een lange lijst momenten waarop zowel voor de politieke als de ambtelijke top de signalen duidelijk waren. Eén daarvan was het moment waarop het rapport van de ombudsman uit 2017 aan de orde kwam en dat we zo zullen bespreken. Een ander cruciaal moment betrof het advies van mevrouw Sandra Palmen-Schlangen, de topjurist van de Belastingdienst/Toeslagen en vaktechnisch coördinator Toeslagen in 2016 en 2017. In 2017 schreef zij op verzoek van het managementteam van de Belastingdienst/Toeslagen een helder memo, waarin zij constateert dat de Belastingdienst/Toeslagen in de CAF 11-zaak laakbaar gehandeld heeft en zich niet aan de wet heeft gehouden. Zij adviseert de Belastingdienst dan ook om de ouders schadeloos te stellen. Haar advies verdween en werd niet opgevolgd.

Op elk van deze cruciale momenten kozen de topambtenaren ervoor om niet in te grijpen en niet echt onderzoek te doen. Het probleem was kennelijk al te groot en er moest te veel worden uitgelegd, toegegeven en rechtgezet om nog een uitweg uit de hele kwestie te kunnen vinden. Bij elke stap in het proces was de reactie erop gericht om het probleem klein te houden, uit vrees voor de gevolgen.

Voor een aantal topambtenaren kan hebben meegespeeld dat zij geen fiscalist waren, maar afkomstig waren van andere delen van de overheid zoals de IND, waar meer wantrouwen de norm is. En deze mensen, die in een pool zitten van topambtenaren, weten dat ze na maximaal zeven jaar en vaak sneller weer naar een andere functie gaan binnen de zogenaamde Algemene Bestuursdienst. Van de 88 hoogste topambtenaren in Den Haag zat in 2020 de helft minder dan twee jaar op zijn functie.[17] Topambtenaren zijn dus vaker passanten geworden. Het kost tijd om de grote organisatie te kennen, de onderliggende problemen en ingewikkelde wetgeving en uitvoering te begrijpen. En het kan ook een reden zijn om iets niet te melden. Je bent immers al redelijk snel weer weg.

Een kleine groep ambtenaren die direct met de CAF-zaken en

met de terugvorderingen te maken had, wist donders goed dat hun eigen handelen op meerdere punten niet aan de wet voldeed. Zij hielden middels een weekbericht topambtenaren op de hoogte. Nu is dit boek niet de plek om namen en rugnummers te noemen. Het wil vooral een duiding bieden waarom de grote ontsporingen, die van bovenaf gesanctioneerd waren, niet rechtgezet werden door de instituten van de staat. Want een Belastingdienst die stelselmatig de wetten overtreedt en onvolledige dossiers aanlevert, moet in een normale rechtsstaat ergens gestopt worden. Hetzelfde geldt voor de illegale zwarte lijsten van burgers en bedrijven die de Belastingdienst bijhield en waar zo'n vijfduizend medewerkers van de Belastingdienst bij konden. De CAF-benadering zelf komt voort uit de ministeriële commissie fraudebestrijding, die werd voorgezeten door minister-president Mark Rutte. De notulen van die vergaderingen zijn helaas als staatsgeheim aangemerkt.

Nederland heeft geen half interne toezichthouders

Veel landen hebben een speciale belastingombudsman, of vergelijkbare instellingen, met veel specifieke fiscale expertise. Dit is bijvoorbeeld het geval in de Scandinavische landen, maar ook in een aantal Afrikaanse landen. De Verenigde Staten hebben een Taxpayer Advocate Service, waar tweeduizend mensen werken die ook individuele belastingplichtigen bijstaan die een conflict hebben met de Belastingdienst. Er wordt in deze landen dus een actieve tegenmacht georganiseerd waarin ook frequente problemen gesignaleerd worden die de politiek bereiken. Nederland heeft echter geen vergelijkbare instituties. De Tweede Kamer wil daarom graag dat er onderzoek wordt gedaan naar de mogelijkheid om zo'n belastingombudsman in te stellen.[18]

Recentelijk heeft de regering wel aangekondigd dat er een inspectie op de domeinen van de belastingen, toeslagen en douane wordt opgericht,[19] maar deze inspectie pakt geen individuele zaken op terwijl juist dat zo belangrijk is.

De regering zelf greep niet in

Ook de regering is in de toeslagenaffaire ernstig tekortgeschoten. Verschillende bewindspersonen hebben brieven van wanhopige ouders ontvangen. Zo kreeg minister Lodewijk Asscher een brief van een grootmoeder die schreef dat haar kinderen niet in staat waren om 30.000 euro terug te betalen. Zijn reactie luidde als volgt:

> Als minister van Sociale Zaken en Werkgelegenheid heb ik namelijk noch de bevoegdheid noch de mogelijkheid te treden in individuele situaties. Hoewel ik verantwoordelijk ben voor de wet- en regelgeving op het terrein van de kinderopvang, is de Belastingdienst/Toeslagen in deze verantwoordelijk voor de uitvoering. Daarnaast heb ik geen invloed op rechterlijke uitspraken.[20]

Deze houding – 'u kunt ook iemand anders aankijken voor het probleem' – is in politiek Den Haag niet uitzonderlijk. Die ligt diep verankerd in de Nederlandse traditie van polderen, waar nooit één persoon alleen verantwoordelijk is voor een oplossing. Bij belastingzaken en sociale zekerheid komt daar nog bij dat bewindspersonen in principe niet treden in individuele dossiers, zowel uit principe niet als vanwege het feit dat er meer dan 12 miljoen belastingplichtigen zijn. We hebben eerder al gezien dat twee verschillende ministeries verantwoordelijk waren en dat dus de minister van Sociale Zaken en Werkgelegenheid de brieven beantwoordde terwijl de Belastingdienst de rechtszaken voerde.

Lodewijk Asscher heeft aangegeven dat hij zichzelf verweten heeft dat hij niet heeft doorgevraagd bij deze burgerbrieven. Maar hij zag zelf het probleem niet scherp genoeg, net als velen voor hem en na hem het probleem niet zagen. Zijn opvolger op het kinderopvangtoeslagdossier, staatssecretaris Tamara van Ark, verklaarde hetzelfde. De ambtenaren verklaarden dat ze het wel zagen en dat ze daar buikpijn van hadden terwijl de bewindspersonen verklaarden dat ze daar nou net weer niets van gemerkt hadden. Op bepaalde momenten hebben staatssecretaris Frans Weekers en staatssecretaris Eric Wiebes wel geprobeerd de hardheid van het stelsel minder hard te maken, maar zij hebben dit uiteindelijk niet doorgezet. Ze hadden in ieder geval niet het overzicht hoe groot het probleem werkelijk was.

Eenieder wordt geacht de wet te kennen in Nederland. Maar de wet is dusdanig ingewikkeld dat zelfs de ministers die verantwoordelijk zijn voor de betreffende wet, de wet niet kennen, de problemen van de wet niet herkennen en ambtelijk niet altijd gewezen worden op de implicaties van bepaalde wetsartikelen. Want van de stukken die ik gelezen heb, waren de burgerbrieven van wanhopige burgers vaak nog de meest heldere uiteenzettingen van waar het probleem in de toeslagenkwestie precies zit. Een aantal van de memo's voor bewindspersonen is ook enigszins verhullend. Dat werd pas beter nadat Kamerleden en journalisten heel indringende vragen begonnen te stellen.

Het probleem is echter nog een stuk breder dan de kinderopvangtoeslagen, want in april 2019 concludeerden de nationale ombudsman en de kinderombudsman dat ook de zelfredzame burgers regelmatig vastlopen bij de overheid.[21] Ik heb de afgelopen jaren verschillende bewindspersonen gezien die de complexiteit en gevolgen van hun eigen regelgeving niet begrepen. En voor Kamerleden is dat helaas niet anders. Toen het de bewindspersonen in de toeslagenaffaire wel duidelijk werd dat er iets grondig mis was, duurde het nog heel lang voordat men duidelijk in beeld had hoe groot het probleem feitelijk was, ook omdat de informatie in het begin in slechts kleine brokjes bij de bewindspersonen terechtkwam. De informatiehuishouding van de Belastingdienst en sommige ministeries is kortom niet op orde. Dat deze niet op orde is, is overigens niets nieuws[22] maar is een conclusie die al dertig jaar lang getrokken wordt bij elk parlementair onderzoek in Den Haag. Deze conclusie heeft echter nog altijd niet geleid tot verbetering, zo betoogt ook de president van de Algemene Rekenkamer, Arno Visser, in een zeer overtuigend artikel.[23]

In juni 2019 kwam het probleem wel in volle omvang op tafel. Er werd een crisisorganisatie bij de Belastingdienst ingericht, waar de hele ambtelijke top bij betrokken was. Premier Rutte vertelde in het debat in januari 2021, na het aftreden van zijn kabinet, dat het tot de zomer van 2019 geduurd had totdat de volle omvang van het probleem bekend was. Het werd in juni en juli bijna wekelijks in de ministerraad besproken. Alleen leidde dat niet tot in ieder geval het opschorten van de invorderingen bij de ouders. Daarvoor was een nieuwe Kamermotie[24] in november 2019 nodig. In het debat dat daarop volgde erkende Rutte dat hij in juni en juli de invorderingen in ieder geval had moeten opschorten maar dat dat niet gebeurd was.

De Tweede Kamer greep niet in

De Tweede Kamer is medewetgever en dus volledig medeverantwoordelijk voor alle onduidelijke wetgeving, fouten in de wetgeving of het toezicht daarop. Wanneer slechte of onuitvoerbare wetgeving tot stand komt, is de Tweede Kamer buitengewoon traag met correcties op die wetgeving.

Wat we zien is dat de Kamer dezelfde verkokering als de regering volgt. Dat betekent in dit geval dat de commissie Sociale Zaken (daarvoor: de commissie Onderwijs, want de kinderopvang verschuift in 2010 van een onderwijstaak[25] naar een arbeidsmarktinstrument) over het beleid gaat en de commissie Financiën over de uitvoering. Dat is bepaald een ongelukkige verdeling. Signalen bereikten Kamerleden in twee casussen en leidden dan tot een Kamerdebat. De motie[26] van Richard de Mos (PVV) over de kinderopvanginstelling De Appelbloesem, waar gefraudeerd was door de eigenaar van de instelling maar waar de ouders te maken kregen met torenhoge terugvorderingen, werd in december 2010 aangenomen. Deze verzocht de regering om de terugvordering van de kinderopvangtoeslag door de Belastingdienst op te schorten totdat de uitkomsten van het FIOD-onderzoek bekend zouden zijn. Minister Henk Kamp legde in een brief[27] echter uit dat de terugvorderingen volgens de wet plaatsvonden en de Kamer nam daar genoegen mee. In 2015 dienden SP-Kamerleden Paul Ulenbelt en Tjitske Siderius een motie[28] in met als dictum 'verzoekt de regering, de terugvordering van de kinderopvangtoeslag door de Belastingdienst op te schorten totdat er een definitieve uitspraak gedaan is in de rechtszaak over De Parel'. Deze motie werd verworpen, zoals zo veel moties verworpen worden, omdat de regeringspartijen van de dag tegenstemden. De keren dat Kamerleden voelden dat er iets goed mis is, leidden kortom niet tot veranderingen in beleid.

In de Kamer is vaak felle aandacht voor ontbrekende fraudebestrijding, met als meest pregnante voorbeeld de Bulgarenfraude, waarin Bulgaarse bendes op kinderlijk eenvoudige wijze voorschotten van duizenden euro's voor huurtoeslag en zorgtoeslag konden aanvragen en ontvangen wanneer zij zich kort inschreven in bijvoorbeeld Rotterdam. De FIOD en de Belastingdienst waren via rapporten wel op de hoogte van deze vorm van fraude maar ondernamen nauwelijks actie. Om die reden was ik een van de Kamerleden die in deze kwestie fel om ingrijpen vroeg en zelfs een motie van wantrouwen indiende tegen staatssecretaris Weekers in mei 2013. Aan de andere kant werden maatregelen om fraude te bestrijden knullig ingevoerd. Zo werd de maatregel om alle toeslagen van een persoon via één rekeningnummer te laten lopen – want zo voorkom je bepaalde vormen van fraude – slecht ingevoerd. Vele mensen kregen hun toeslagen niet omdat de rekeningnummers niet geverifieerd waren. Onder dreiging van een nieuwe motie van wantrouwen trad staatssecretaris Weekers in januari 2014 af op deze fraudebestrijdingsmaatregel die tienduizenden goedwillende burgers in de problemen gebracht had.

Pas na het contact met Eva González Pérez en een paar maanden later het zeer harde rapport van de nationale ombudsman in 2017 begon ik eerst alleen, maar al heel gauw samen met Renske Leijten (SP), te trekken aan het dossier kinderopvangtoeslag. Helaas duurde het toen nog geruime tijd voordat de waarheid boven tafel kwam.

De nationale ombudsman zag het scherp, maar pakte niet door

Ook de nationale ombudsman wist de jacht op goedwillende burgers door de Belastingdienst niet te stoppen. Naar aanleiding van een klacht van González Pérez is de nationale ombudsman in 2015 een onafhankelijk onderzoek naar de CAF 11-zaak begonnen. In 2017 kwam het rapport naar aanleiding van dit onderzoek naar buiten en de conclusies zijn snoeihard:[29] 'Toeslagen heeft in deze kwestie buitenproportioneel hard ingegrepen,' schrijft de ombudsman. Ik citeer uit het rapport:

> Toeslagen heeft de kinderopvangtoeslag al op voorhand beeindigd vóórdat de dienst de bewijsstukken en gegevens van betrokkenen had opgevraagd en beoordeeld. Als de vraagouders de opgevraagde stukken hadden verstrekt maar Toeslagen toch nog meer stukken nodig had, heeft Toeslagen in geen enkel geval betrokkenen een tweede kans gegeven nadere stukken of informatie te leveren. In de verschillende brieven en beschikkingen heeft Toeslagen niet aangegeven welke gegevens of bewijsstukken ontbraken of onvoldoende waren. Toeslagen heeft betrokkenen te laat gewezen op de mogelijkheid van het instellen van bezwaar. Daarnaast heeft hij de

vraagouders belemmerd om een nieuwe aanvraag in te dienen per 1 september 2014. […]. Toeslagen heeft een groot deel van de toeslaggerechtigde ouders door deze aanpak langdurig in een onmogelijke positie, in grote financiële problemen en in grote onzekerheid gebracht. Toeslagen gaat zijn werkwijze in dit soort situaties evalueren en aanpassen.
Te weinig voortvarendheid bij de behandeling van de bezwaarschriften Toeslagen is in de behandeling van een aanzienlijk deel (41%) van de ingediende bezwaarschriften ernstig tekortgeschoten. Bij deze groep heeft hij de wettelijke beslistermijn overschreden met gemiddeld achttien maanden. Ook nadat Toeslagen de achterstanden na anderhalf jaar (medio 2016) had onderkend heeft het nog tot medio 2017 geduurd voordat de achterstanden waren weggewerkt. […] Het is aan Toeslagen om het geschonden vertrouwen te herstellen. De Nationale ombudsman beveelt Toeslagen aan om de vraagouders die overlast hebben ondervonden door de aanpak van Toeslagen excuses aan te bieden en een tegemoetkoming te bieden voor het aangedane leed.

Wat opvalt is dat de ombudsman op veel punten zeer grondig onderzoek gedaan heeft en pijnlijk duidelijk maakt hoe de ouders geen enkele kans hadden om hun gelijk te bewijzen. De rechtsstaat had voor hen niet gefunctioneerd. De laatste zin in de conclusie van de ombudsman is zeer uitzonderlijk: hij doet de aanbeveling om excuses te maken en om een tegemoetkoming te betalen aan de getroffen ouders. Zo'n aanbeveling doet de ombudsman zelden. Alleen komt er in de praktijk helemaal niets terecht van die schadevergoeding.[30]

De Belastingdienst ondernam feitelijk geen actie in de CAF

11-zaak, laat staan in 170 andere CAF-zaken. Wel loog de Belastingdienst dat alle procedures aangepast waren en weer aan de wet voldeden. Dat bleek niet in alle gevallen te kloppen. In niet-CAF-zaken kregen mensen nog steeds geen rappel, voordat ze een sanctie kregen.[31]

De eerste anderhalf jaar na het rapport verzandden de discussies met de ombudsman vooral in discussies tussen de regering, de ombudsman, Eva González Pérez en de Kamer. Op geen enkel moment leidde dit tot een bevredigende uitkomst voor de ouders, ook al had een enkeling wel gelijk gekregen van de Afdeling Bestuursrechtspraak van de Raad van State. De ombudsman heeft geen machtsmiddelen om paal en perk te stellen aan het handelen van de regering. Als de regering rapporten van de ombudsman niet serieus neemt, dan volgt er geen straf voor de regering. Kortom, het rapport leidde niet tot een oplossing voor de CAF 11-ouders. En de ombudsman had ook niet de taak om breder te kijken naar het probleem.

> Dankzij de mensen om mij heen heb ik mij staande kunnen houden. Het heeft een aantal jaren van mijn dochter en mij afgenomen. Het is niet eens het geld maar vooral de emotionele en lichamelijke schade die veel heeft aangericht. Zo veel stress, verdriet en onbegrip kostte het… Altijd heb ik hard gewerkt vanaf mijn 17de jaar. Nooit mijn hand opgehouden. (citaat gedupeerde)

De Autoriteit Persoonsgegevens is nog steeds bezig met onderzoek

De Autoriteit Persoonsgegevens houdt toezicht op de gegevensbescherming. In de CAF 11-zaak en in andere CAF-zaken is er illegaal geselecteerd op nationaliteit, die de Belastingdienst voor dit doel niet eens mocht bijhouden. Ook hield de Belastingdienst illegaal zwarte lijsten bij van burgers en bedrijven tegen wie verdenkingen bestonden. En die verdenkingen zijn als feiten gedeeld met talloze organisaties. Burgers kwamen hierdoor zwaar in de problemen, want ze stonden bijvoorbeeld overal geregistreerd als fraudeur.

Sinds mei 2018 moet iedereen aan de AVG (Algemene Verordening Gegevensverwerking) voldoen. De Belastingdienst voldoet daar overduidelijk niet aan. Er is namelijk geen compleet verwerkingsregister: een plek waar wordt bijgehouden waar precies de gegevens van burgers opgeslagen en verwerkt worden. Zonder een verwerkingsregister is er geen inzage mogelijk en geen overzicht. Zo kon een illegaal systeem van zwarte lijsten jarenlang bestaan.

In juli 2020 oordeelde de Autoriteit Persoonsgegevens dat de Belastingdienst in strijd handelde met de wet en discriminerend te werk ging en dat hij mogelijk in het najaar van 2020 een boete opgelegd zou krijgen. Dat is in 2020 niet gebeurd.

De Belastingdienst deelde in 2018 mee dat hij in 2019 aan de AVG zou voldoen. Recentelijk heeft staatssecretaris Hans Vijlbrief echter aan de Kamer geschreven dat de Belastingdienst niet voor 2024 aan de AVG zal voldoen.

In maart 2020 is de Autoriteit Persoonsgegevens gestart met een onderzoek naar de zwarte lijsten. Tot nu toe heeft de AP in het openbaar echter geen enkele sanctie en geen enkele dwangsom opgelegd aan de Belastingdienst. Het was de Kamer die uiteindelijk moest afdwingen dat mensen die op de zwarte lijst stonden, en wier gegevens gedeeld zijn, geïnformeerd moeten worden. De toezichthouder zelf had op dat punt op geen enkele manier ingegrepen.

De bestuursrechter

Bij de rechtszaken en bij de Afdeling Bestuursrechtspraak van de Raad van State legde de Belastingdienst bewust onvolledige dossiers op tafel. Dat is in het bestuursrecht een doodzonde, want de rechter kan niet oordelen op basis van het hele dossier, maar alleen op basis van het dossier dat hij onder ogen krijgt. De Belastingdienst bleek een beleidsinstructie[32] te hebben om zaken en documenten over de onderzoeken, over fraude en over CAF-zaken weg te houden uit de dossiers die de rechter kreeg. De beleidsinstructies die de Kamer in januari 2021 ontving, dateren allemaal van na maart 2017, het moment waarop de Raad van State oordeelde dat de werkwijze van de Belastingdienst in CAF 11 niet aan de wet voldeed en dat de burger toch recht had op kinderopvangtoeslag.[33] Het bijzondere is dat de Belastingdienst hiermee onder het bestuursrecht feitelijk nooit risico loopt. Bij het strafrecht staat op meineed zes of negen jaar gevangenisstraf, maar bij bestuursrecht volgt tot nu toe geen enkelen sanctie voor de handelwijze van de Belastingdienst.

In oktober 2019 corrigeerde de Afdeling Bestuursrechtspraak van de Raad van State eindelijk de vernietigende alles-of-nietsbenadering. De redenering[34] in de uitspraak is echter best wel curieus:

> 5.10. Door het grote aantal zaken over terugvordering van toeslagen dat in de loop der jaren aan de Afdeling is voorgelegd, zijn de ernst en omvang van de financiële gevolgen van de jurisprudentie als hiervoor beschreven in meerdere gevallen kenbaar geworden. Het is de Afdeling in deze periode niet gebleken dat dergelijke gevolgen in ernst of omvang zijn afgenomen. Verschillende publicaties bevestigen dat gezinnen in situaties zoals hier aan de orde in grote financiële problemen terecht kunnen komen. De Afdeling wijst in dit verband op de publicatie van de Wetenschappelijke Raad voor het Regeringsbeleid (hierna: de WRR), 'Eigen schuld? Een gedragswetenschappelijk perspectief op problematische schulden' (WRR-Verkenning nr. 33 van 30 juni 2016) en op het rapport van de nationale ombudsman van 9 augustus 2017, 'Geen powerplay maar fair play. Onevenredig harde aanpak van 232 gezinnen met kinderopvangtoeslag'. Daarnaast wijst de Afdeling op het rapport van de WRR 'Weten is nog geen doen. Een realistisch perspectief op redzaamheid' (WRR-rapport nr. 97 van 24 april 2017).
> 5.11. Ook het gezin van [appellante] wordt langdurig in ernstige financiële moeilijkheden gebracht door de terugvordering van € 34.566,00 aan voorschotten kinderopvangtoeslag.
> 5.12. In het licht van hetgeen onder 5.10 is overwogen, ziet de Afdeling thans aanleiding om tot een andere uitleg van artikel 26 van de Awir te komen.

Het is mij een raadsel waarom de Raad van State niet eerder zelf dieper in de dossiers heeft gekeken[35] en naar een paar jaar oude publicaties moest verwijzen om de koerswijziging uit te leggen. De uitleg die hij verschaft is ronduit zwak. Helderder dan de commissie-Van Dam kan ik het niet samenvatten:

> Zonder zich te willen uitlaten over individuele rechterlijke uitspraken, constateert de commissie dat ook de bestuursrechtspraak jarenlang een wezenlijke bijdrage heeft geleverd aan het in stand houden van de niet dwingend uit de wet volgende, spijkerharde uitvoering van de regelgeving van de kinderopvangtoeslag. Daarmee heeft de bestuursrechtspraak zijn belangrijke functie van (rechts)bescherming van individuele burgers veronachtzaamd. De commissie is met name geraakt door het tot in oktober 2019 wegredeneren van algemene beginselen van behoorlijk bestuur, die zouden moeten dienen als stootkussen en beschermende deken voor mensen in nood.[36]

Aan die algemene beginselen van behoorlijk bestuur is al die tijd niet getoetst. De commissie-Van Dam vroeg professor Sjoerd Zijlstra een doorwrochte analyse te maken van de uitspraken inzake de kinderopvangtoeslagen van de afdeling bestuursrechtspraak van de Raad van State. Hij concludeert:

> De aard van de toetsing die de Afdeling hier pleegde komt, bezien vanuit het evenredigheidsbeginsel, neer op geen toetsing.[37]

Naar aanleiding van dit oordeel heeft de Afdeling Bestuursrechtspraak van de Raad van State aangekondigd onderzoek te doen naar haar eigen rol. De voorzitter van de afdeling bestuursrechtspraak, Bart Jan van Ettekoven, legt uit dat het doel van het onderzoek is: ‘Om te zien of er naast de toeslagenaffaire mogelijk meer terreinen zijn waar de burger disproportioneel last heeft gehad van strenge wetgeving.'[38]

Daarmee mist hij dus wel een essentieel punt, namelijk: waarom konden burgers jarenlang niet hun recht halen bij de Afdeling Bestuursrechtspraak van de Raad van State? Hij geeft overigens zelf al het antwoord op de vraag of de Belastingdienst wellicht te vaak het voordeel van de twijfel kreeg:

> Zo werkt het bestuursrecht in algemene zin. Dat gaat ervan uit dat overheidsinstanties rechtmatig te werk gaan en de wet uitvoeren. De rechter gaat niet uit van het falen van het hele systeem.[39]

Het is positief dat de Afdeling zelf inziet dat er onvoldoende bescherming geboden is aan burgers. Dat komt inderdaad deels door te strenge wetgeving. Maar zoals Sjoerd Zijlstra terecht opmerkt, komt dat ook doordat de Raad van State zelf lange tijd niet toetste aan het evenredigheidsbeginsel. In het bestuursrecht dient de rechter expliciet te toetsen aan de algemene beginselen van behoorlijk bestuur, waaronder het evenredigheidsprincipe.

Om te kijken op welke wijze de bestuursrechtspraak niet goed gefunctioneerd heeft en waarom de checks-and-balances niet gewerkt hebben, heeft de Tweede Kamer de Venetiëcommissie verzocht om een onderzoek te doen naar de rechtsbescherming van de burger onder het bestuursrecht, waaronder natuurlijk de Raad van State.

De Venetiëcommissie is een internationale commissie van onafhankelijke experts op het gebied van het staatsrecht en onderdeel van de Raad van Europa. Het is natuurlijk verstandig om dit onderzoek buiten de Nederlandse trias politica te laten plaatsvinden.

Onafhankelijke onderzoeken

In het kinderopvangtoeslagenschandaal is veel extern onderzoek gedaan. Een van de redenen voor externe onderzoeken was dat de informatie niet gemakkelijk naar boven kwam bij de Belastingdienst en dat de regering zich dus genoodzaakt voelden om extern onderzoek te laten doen.

Eén onderzoek in deze zaak springt eruit, namelijk het al eerdergenoemde onderzoek van de commissie-Donner. De toenmalige staatssecretaris van Financiën, Menno Snel, had deze commissie ingesteld met de opdracht advies uit te brengen over de toeslagenaffaire. De onderzoekscommissie bestond uit Piet Hein Donner, Jetta Klijnsma en Willemien den Ouden. Zij schreven uiteindelijk twee rapporten waarin zij adviezen uitbrachten aan de regering. De keuze voor genoemde commissieleden is op zijn minst zeer opmerkelijk.

Piet Hein Donner was vicevoorzitter van de Raad van State en adviseerde over wetsvoorstellen. Vooral het advies waarin de Raad van State directe financiering in de kinderopvang afwees[40] valt op. Door de directe financiering zouden de opvanginstellingen het geld krijgen en zouden ouders een inkomensafhankelijke eigen bijdrage betalen. Dat zou veel problemen hebben opgelost die te maken hebben met de zeer hoge terugvorderingen. Het vernietigende advies van de Raad van State leidde tot intrekking van het wetsvoorstel. Jetta Klijnsma was staatssecretaris van Sociale Zaken in dezelfde periode waarin de minister van Sociale Zaken, Lodewijk Asscher, verantwoordelijk was voor de kinderopvangtoeslag. De stukken daarover werden in de ministersstaf, waarin beiden plaatshadden, geagendeerd en besproken.

De commissie-Donner trok onder andere de volgende conclusie:

> Wat er misging in het CAF 11-dossier was niet ambtelijke wetsovertreding en inbreuk op procedures, maar het ten volle gebruiken van regels om 'fouten' vast te stellen, het 'blindelings' volgen van procedures en instructies, uit vrees om 'fouten' te maken, daarover verwijten te krijgen en om toch vooral te doen wat er werd verwacht.

Dit staat echt volkomen haaks op de memo-Palmen, die de commissie-Donner om mysterieuze redenen echter nooit bereikte, terwijl de commissie-Donner duidelijk om alle documenten gevraagd had. Sandra Palmen-Schlangen concludeerde namelijk dat de Belastingdienst laakbaar gehandeld had. Het staat haaks op een in juli unaniem aangenomen Kamermotie die door de regering 'oordeel Kamer' gekregen had en die stelde dat de Belastingdienst onrechtmatig gehandeld had. Met dat oordeel gaf staatssecretaris Snel in juli 2019 in de Kamer toe dat de Belastingdienst onrechtmatig gehandeld had.

Het staat ook haaks op de instructie bij de Belastingdienst om stukken achter te houden bij de rechter. Daarover schrijft de commissie-Donner:

> Ten dele gaat het daarbij om verwijten die nader onderzoek behoeven, zoals het verwijt van het ten onrechte niet opnemen van stukken in het procesdossier.

Zoals we eerder zagen had de landsadvocaat meer dan een jaar daarvoor al snoeihard geconcludeerd dat relevante stukken onterecht niet opgenomen waren. En dat advies van de landsadvocaat is ook met de commissie-Donner gedeeld, vertelde de regering recent.[41] Zo staan er nog meer opvallende conclusies in, die zich moeilijk verhouden met de stukken die de commissie ontving.[42]

De voorzitter van de commissie wilde zijn rapport uiteindelijk wel toelichten in Nieuwspoort en *Nieuwsuur*, maar de commissie wilde helaas alleen achter gesloten deuren met de Tweede Kamer praten. Dat is bepaald ongepast.

De commissie-Donner is in een bepaalde zin niet uitzonderlijk in Nederland: behalve bij een parlementair onderzoek of een parlementair enquête is het in de regel de regering die het onderzoek instelt naar haar eigen handelen. Dat betekent dat de regering het onderzoek betaalt, de onderzoekers werft of aanzoekt en dat de regering heel vaak mede de onderzoeksvraag bepaalt. Het moge duidelijk zijn dat dat een onwenselijke situatie is wanneer het onderzoek of het advies gericht is op het handelen van de regering zelf. Dat leidt vaak tot in ieder geval de schijn van belangenverstrengeling.

Maatschappelijke organisaties

Nederland heeft ontzettend veel maatschappelijke organisaties. Je hoopt dat die wat tegenwicht bieden als er echt wat misgaat. De belangenvereniging BOINK (Belangenvereniging Ouders in de Kinderopvang) was een drijvende kracht achter de wet die bepaalde dat ouders de gehele kosten van de kinderopvang zouden betalen en daarvoor een grote kinderopvangtoeslag kregen. Ten tijde van de wetsbehandeling was BOINK expliciet tegenstander van een eigenbijdrageregeling, die de grote terugvorderingen voorkomen zou hebben.[43]

BOINK kaartte wel regelmatig problemen aan die ouders met de kinderopvangtoeslag hadden ondervonden, waaronder de grote terugvorderingen. Maar in de Nederlandse polder kon BOINK het zich niet veroorloven om niet on speaking terms te zijn met de regering, omdat BOINK voor een fors deel van zijn inkomsten afhankelijk is van subsidies. Die afhankelijkheid maakt het onmogelijk om bij echt grote problemen de regering een ultimatum te stellen of heel hard tegen de regering in te gaan. In het volgende deel zal ik een voorbeeld noemen van een organisatie die dat om goede redenen wel deed, en die de gevolgen daarvan ondervonden heeft.

Er kwam verder ook geen andere organisatie naar voren die doorzien heeft dat grote groepen ouders zo in de knel zijn gekomen. Het laat zien dat zowel de samenleving zelf als de regering zou profiteren van een onafhankelijker maatschappelijk middenveld dat niet afhankelijk is van subsidies. Misstanden kunnen dan sneller naar boven komen en discussies kunnen scherper worden gevoerd, terwijl iedereen zijn eigen onafhankelijke positie behoudt.

De media

Dat laatste punt is ook iets wat, naast de Tweede Kamer en de maatschappelijke organisaties, veel media zich zouden moeten afvragen. Hoe komt het dat zij lange tijd niet zagen dat een grote groep ouders zo ernstig in de problemen gekomen was? Natuurlijk gaf de Belastingdienst geen antwoord op vragen, maar ook via onderzoek had misschien al eerder meer naar boven kunnen komen. Gelukkig deden Pieter Klein (RTL) en Jan Kleinnijenhuis (*Trouw*) dat onderzoek wel, maar het kostte hun ongelooflijk veel tijd en moeite, zo heb ik van dichtbij kunnen waarnemen.

Mijn persoonlijke observatie is dat de Haagse journalisten dit niet konden zien omdat ze te dicht bij de macht zitten. Bovendien zijn veel redacties bij kranten in het land de afgelopen jaren zeer fors ingekrompen en hebben daarbij veel contacten met de samenleving en onderzoekscapaciteit verloren. De jachtigheid van de politiek en die van de media gaan helaas vaak hand in hand en versterken elkaar. Sommige journalisten willen graag een stellige uitspraak (het is een schande!) of Kamervragen naar aanleiding van hun journalistieke werk.

Voor taaie en gecompliceerde wetgeving is begrijpelijkerwijs vaak minder aandacht dan voor de waan van de dag, net als bij politici zelf en bij maatschappelijke organisaties. In een verkiezingscampagne, waarbij soms zes, acht of tien partijen tegelijk debatteren met een soort eierwekkertje, laat de politiek zich in de media bij tijd en wijle ook neerzetten als een spelshow die draait om snedige oneliners in plaats van een moeizaam proces om grote maatschappelijke uitdagingen op te lossen. Voor daadwerkelijke oplossingen voor maatschappelijke vraagstukken is dertig seconden echt niet voldoende. Als de oplossing namelijk zo simpel zou zijn, had de regering haar allang doorgevoerd.

De rol van de Tweede Kamer als medewetgever

Eerder bracht ik ter sprake hoe de Tweede Kamer de problemen niet herkende, omdat zij haar rol als controleur niet volledig waarmaakte. Maar de Tweede Kamer is niet alleen controleur maar ook medewetgever. Die rol dient hier niet onvermeld te blijven.

De commissie-Van Dam wijst namelijk terecht op de rol van het parlement in de toeslagenaffaire. In het toeslagendossier heeft de Kamer wetgeving goedgekeurd zoals de wet op de kinderopvang – zij het met een zeer krappe meerderheid –, die niet goed genoeg doordacht was. En ik was toen al lid van de Tweede Kamer, dus ik heb daar ook voorgestemd.

Bij de Algemene wet inkomensafhankelijke regelingen (Awir) was ik tweede woordvoerder. Nadat de Raad van State terecht gewezen had op de wenselijkheid van een hardheidsclausule, diende ik een amendement in dat een hardheidsclausule zou invoeren. Later heb ik dat amendement op aandringen van de regering gewijzigd en versmald zodat het alleen gebruikt kon worden voor situaties waarbij vermogen tot een onbillijkheid leidt.[44] Het kon dus niet in andere gevallen gebruikt worden.[45]

Het gevolg van deze wetten was aan de ene kant gevoeligheid voor fraude en misbruik, en aan de andere kant een ingewikkelde wet die vele ouders niet helemaal begrepen.

De mogelijkheid van fraude door tijdelijke arbeidsmigranten stond niet op het netvlies van de Tweede Kamer bij de behandeling in 2004, simpelweg omdat de grenzen voor arbeiders uit de toen nieuwe lidstaten van de Europese Unie pas in 2007 echt opengingen. En zoals we in het deel over modellen gezien hebben, onderschatte iedereen in Den Haag die migrantenstroom. In de Kamer reageerden we heftig op de zogenaamde Bulgarenfraude omdat we erachter kwamen dat er wel degelijk analyses lagen van het probleem dat mensen zich hier inschreven, een voorschot kregen en weer vertrokken, maar dat er gewoon geen actie op volgde totdat het in de publiciteit kwam. Dit was natuurlijk ook gewoon een hiaat in de wet- en regelgeving. Maar het had ook een signaal kunnen en moeten zijn om kritisch te bekijken of het systeem als zodanig naar behoren functioneerde. Ik diende wel een motie van wantrouwen in maar stelde niet de vraag of er andere defecten waren. De goed bedachte maar niet goed geïmplementeerde fraudebestrijdingsmaatregel om alle toeslagzaken via één rekening te laten lopen kostte daarna staatssecretaris Weekers zijn positie, omdat het idee van de wetgeving goed was, maar de implementatie volstrekt beneden de maat. Veel mensen kregen namelijk geen toeslagen door die maatregel, omdat de Belastingdienst in meer dan twee jaar onvoldoende moeite had gedaan om voor iedereen dat ene rekeningnummer te hebben.

De fraudebestrijdingswet[46] die het gevolg was van de Bulgarenfraude, was hard. Ik diende toen als enige drie amendementen[47] in om een aantal scherpe kanten van de nieuwe fraudewet af te halen, omdat ik vond dat de wet echt wel doorsloeg. Ze werden alle drie verworpen en de wet werd met algemene stemmen aangenomen.

De regering stuurde wel beleidsdoorlichtingen van de wetgeving van zowel de kinderopvang (2015)[48] als de uitvoering van toeslagen door de Belastingdienst naar de Kamer (2016). Die staan vol met indicatoren over doelmatigheid, doeltreffendheid en arbeidsmarktparticipatie. Maar de evaluaties lijken vooral vanachter bureaus plaats te hebben gevonden met zinnen als:

'Geconstateerd wordt dat de focus van het beleid, dat erop is gericht om fouten in aanvragen en wijzigingen te voorkomen of vroegtijdig te signaleren en te herstellen in plaats van achteraf, goed doordacht en geïmplementeerd is. Het lijkt aannemelijk dat dit beleid wat betreft de toekenningszekerheid vruchten afwerpt.' Niets was minder waar dan dit wollige beleidsproza, maar zolang de regering niet echt laat onderzoeken of er problemen zijn en de Kamer niet aandringt komen de feiten niet boven tafel.

Het is overigens een trend om bij beleidsevaluaties alles te kwantificeren. Terwijl een paar open vragen aan de mensen die wetten uitvoeren of de mensen die met die wetten moeten werken, vaak veel meer informatie kunnen opleveren. De evaluaties missen ook het grote aantal rechtszaken dat gevoerd wordt. Dat zou echt een waarschuwingssignaal moeten zijn: grote groepen burgers die met de Belastingdienst in conflict zijn, betekent dat er iets fundamenteel misgaat.

De Tweede Kamer spreekt de laatste jaren wel steeds vaker over grote hervormingen van het toeslagenstelsel, maar niet vanwege het schandaal dat zich in stilte achter de voordeuren voltrekt. Een tiental Kamervragen van verschillende fracties over individuele zaken leidde niet tot vervolgacties. Bij de gemiste waarschuwingen valt op dat vooral de Algemene Rekenkamer veelvuldig gewaarschuwd heeft voor de grote problemen bij de uitvoering. Maar de Tweede Kamer gaat niet zorgvuldig om met dat soort signalen. Triest dieptepunt was het opheffen van de commissie rijksuitgaven, die de uitgaven achteraf controleerde en altijd nauw contact had met de Rekenkamer. Het was het minst sexy onderdeel van de Kamer maar misschien wel een van de meest noodzakelijke.

De Eerste Kamer als medewetgever

De Eerste Kamer wordt in de analyse vaak overgeslagen en dat is ten onrechte. Natuurlijk is de Eerste Kamer kleiner met 75 parttimepolitici, maar de uitvoering en uitvoerbaarheid van wetten zijn in het geding en ook dit democratisch instituut weet niet als een buffer op te treden. Het is achteraf opmerkelijk dat zowel de Tweede als de Eerste Kamer met groot gemak instemde met zeer strenge fraudewetten.

Dit past in een bredere trend waarbij het monisme niet alleen leidt tot een te innige verhouding tussen coalitiepartijen in de Tweede Kamer en regering maar ook tussen regering en partijen in de Eerste Kamer.

> Op een gegeven moment zag ik geen enkele oplossing meer. En heb toen een suïcidepoging gedaan. Ik dacht bij mezelf: als ik er niet meer ben, dan is de belastingdienst-ellende ook weg. [...] vele jaren van ons leven zijn verwoest. Dat is niet meer terug te draaien. De jeugd van onze kinderen krijgen we niet terug. Mijn gezondheidsproblemen zijn blijvend. Wij als gezin zijn letterlijk en figuurlijk kapot. Geen miljoen kan ons leed goedmaken.
> (citaat gedupeerde)

2017: het jaar dat alles rechtgezet had moeten worden in CAF 11

We hebben één aspect behandeld: het feit dat niemand de problemen herkende. Er is echter een tweede aspect van deze zaak. Toen de problemen volstrekt duidelijk waren, kwamen er allerlei mechanismes op gang om geen informatie over de problemen vrij te geven. Dat is het hoofdonderwerp van de rest van dit deel, omdat onjuiste, ontijdige en onvolledige informatie ervoor zorgde dat de problemen veel langer duurden dan noodzakelijk.

In maart 2017, nadat de Belastingdienst in november 2015 al in het ongelijk was gesteld, verloor de Belastingdienst een rechtszaak bij de Afdeling Bestuursrechtspraak van de Raad van State en naar aanleiding daarvan schreef Sandra Palmen-Schlangen, in september 2016 pas benoemd tot vaktechnisch coördinator, een advies aan het Managementteam van de Belastingdienst/Toeslagen: het memo-Palmen. In haar advies stelt zij onomwonden dat de Belastingdienst in de CAF 11-zaak 'laakbaar gehandeld' heeft – een juridisch zeer zware term. Zij somt in haar advies een aantal punten op waarbij de Belastingdienst zich niet aan de wet heeft gehouden en adviseert om compensatie te betalen aan de ouders. Later zal zij vertellen dat haar adviezen in het verleden altijd zijn opgevolgd door de Belastingdienst. Dit keer liep het anders: in plaats van haar advies op te volgen wordt haar functie feitelijk opgeheven.

Kamervragen zouden moeten helpen

In deze situatie zouden Kamervragen een oplossing moeten bieden. Onder andere Artikel 68 van de Grondwet legt de informatieplicht vast van het kabinet aan de Staten-Generaal:

> De ministers en de staatssecretarissen geven de Kamers elk afzonderlijk en in verenigde vergadering mondeling of schriftelijk de door een of meer leden verlangde inlichtingen waarvan het verstrekken niet in strijd is met het belang van de staat.

In 2002 heeft toenmalig minister Klaas de Vries van Binnenlandse Zaken de reikwijdte hiervan helder uiteengezet in een notitie[49] voor de Staten-Generaal, de Eerste en de Tweede Kamer. Hij legt hierin onder andere uit dat de inlichtingenplicht aan een individueel Kamerlid toekomt. Dat betekent dat elk Kamerlid individueel om informatie kan vragen en het moet krijgen. Het kan niet worden tegengehouden door een meerderheid. Die informatie ziet ook op de openbare verstrekking van documenten. Dat betekent dat de regering een document waarom gevraagd wordt, moet verschaffen en niet slechts dient te beschrijven.

Verder legt hij uit dat de Kamer de inlichtingenplicht feitelijk niet kan afdwingen: zelfs als je de minister naar huis stuurt, krijg je nog de stukken niet. Maar de plicht staat wel in de Grondwet en de bewindspersonen hebben bij de installatie een eed of gelofte afgelegd op de Grondwet. Zonder inlichtingenplicht kunnen de Staten-Generaal uiteraard hun taak als controleur van de regering niet adequaat uitoefenen.

Hij licht ook het belang van de staat toe. Eén grond daar is cruciaal: in stukken voor intern beraad zijn de persoonlijke beleidsopvattingen van met name bewindspersonen in beginsel niet openbaar. Maar onder omstandigheden zal wel informatie kunnen worden verstrekt in geobjectiveerde vorm. Benadrukt wordt dat het parlement wel inzicht dient te krijgen in alle relevante feiten en argumenten die aan het uiteindelijke beleid ten grondslag liggen.

Een aantal vragen zou voldoende moeten zijn geweest om een aantal cruciale zaken boven tafel te krijgen, zoals: hoe is de CAF 11-zaak verlopen? Zijn er meerdere CAF-zaken? En is er meer misgegaan bij de kinderopvangtoeslag? Dat is de mooie theorie van Kamervragen. De theorie is geweldig, maar de praktijk is weerbarstig. Er waren meer dan vijftig setjes Kamervragen nodig, vooral van Renske Leijten (SP) en van mij. Maar ook van andere Kamerleden zoals Farid Azarkan. Dat zijn dus meer dan duizend vragen. En regelmatig stelden wij ook zogeheten 'feitelijke vragen'. Dat houdt in dat de griffie alle vragen van alle leden verzamelt, zodat de regering niet kan zien wie welke vraagt stelt. Het was een geliefd en noodzakelijk instrument.

De antwoorden waren vaak ontwijkend, ontduikend of gewoon niet de waarheid. Op mijn eerste Kamervraag: 'Zijn er ouders, kinderopvanginstellingen/gastouders en bemiddelingsbureaus die een onnodig grote schade geleden hebben van het abrupt stopzetten en terugvorderen van kinderopvangtoeslag in 2014? Zo ja, om hoeveel mensen en instellingen gaat het dan?' antwoordde[50] staatssecretaris Wiebes: 'Daar is niets van gebleken.' Daarna vroeg ik bijvoorbeeld of er een intern onderzoek gedaan was naar CAF 11. Het antwoord was ontkennend. Later bleek er wel een zelfevaluatie gedaan te zijn maar dat was dan weer geen intern onderzoek. En als je niet weet hoe een document heet, dan krijg je het niet.

De memo-Palmen was natuurlijk een cruciaal document. Dat was immers het officiële en gevraagde advies van de hoogste jurist in de Belastingdienst/Toeslagen, en het was glashelder. Maar hoeveel vragen ik als Kamerlid ook stelde, het kwam nooit boven tafel. We vroegen en kregen een forensisch onderzoek naar documenten door EDP-auditoren, maar het memo-Palmen, dat naar alle leden van het managementteam gestuurd was en naar hun secretaresses, werd niet gevonden. Er kwam een ADR-rapport[51] van de accountants bij het Rijk: de Belastingdienst gaf het memo wel heel listig een paar dagen voor publicatie, zodat ze er niets mee konden en het niet opgenomen werd. De commissie-Donner vroeg om alle CAF 11-documenten maar kreeg eveneens dit memo niet. In een poging om toch de juiste informatie te krijgen vroeg ik de regering om een tijdlijn waarop staat aangegeven wanneer er precies wat gebeurde. Ook die kreeg ik niet: te veel werk.

Daarna diende ik in november 2019 een motie[52] in waarin ik verzocht om binnen een paar weken een tijdlijn te ontvangen. Er gingen ontelbare herinneringen overheen tot we in april 2020 een onleesbare tijdlijn[53] ontvingen: een pdf-afdruk van een spreadsheet, waarin de helft wegviel en de letters – jawel – 3,5 punt groot waren. Na doorvragen kregen we in mei 2020 de spreadsheet,[54] maar nog steeds met dode linkjes. Er stond bovendien geen verwijzing naar het memo in. Pas in het najaar van 2020, na een tip en heel veel spitwerk, vroeg ik naar een set factsheets uit juni 2019. Daarin stond – eindelijk – een verwijzing naar het memo.

Ik heb het memo tijdens een commissiedebat opgevraagd en ontving deze behoorlijk witgelakt.[55] Het zou gaan om een memo van een vaktechnisch ambtenaar dat besproken was met een aantal MT-leden. Het cruciale woord 'laakbaar' was weggelakt en werd niet beschreven in de begeleidende brief. De Parlementaire Onderzoekscommissie had het memo niet gekregen en nodigde de schrijfster, Sandra Palmen-Schlangen, uit voor een verhoor. Alleen door haar het memo te laten voorlezen werd de integrale notitie openbaar en kregen wij deze. Vervolgens wilde ik natuurlijk weten wie dat memo nu precies gezien en gelezen had(den) en wat ermee gebeurd was op een tijdlijn, aangezien we drie jaar lang toch om de tuin geleid waren. De antwoorden[56] daarop in januari 2021 waren verbijsterend:

> 'Een aparte tijdlijn heeft voor mij geen meerwaarde,' antwoordde de staatssecretaris en op vraag 9 tot en met vraag 24 was het antwoord iedere keer 'zie vraag 8'. Deze antwoorden kwamen na het aftreden van de regering.

Dit was de gang van zaken bij bijna alle informatie of documenten die we wilden hebben in al die jaren. Want we wilden natuurlijk weten of dit alleen bij CAF 11 gebeurd was, of misschien wel bij meer CAF-zaken. Dat werd eerst geweigerd omdat er geen uniforme registratie zou zijn of omdat de informatie vertrouwelijk zou zijn en meer van dergelijke redenen. Pas in december 2019 kregen we de lijst.

Tijdens de vele vragen veranderde de regering ook de interpretatie van Artikel 68 van de Grondwet. Het kabinet schreef een nieuwe[57] brief aan de Kamer waarin het recht op documenten alleen toekomt aan een meerderheid van de Kamer, niet aan een individueel Kamerlid. En verder stelde de regering dat 'het staand kabinetsbeleid is dat stukken die zien op intern beraad geen onderdeel worden gemaakt van het debat met de Kamer'. Dit zijn twee grote inperkingen, want bijna elk niet openbaar stuk is voor intern beraad. Het zou betekenen dat als je een document wilt zien, je eerst een motie zou moeten indienen en de meerderheid van de Kamer deze moet aannemen. Dat betekent dan weer dat een meerderheid van de Kamer, de coalitie bijvoorbeeld, openbaarheid van een onwelgevallig document in de Kamer zou kunnen tegenhouden. Deze 'interpretatie' van Artikel 68 is in strijd met de Grondwet zelf, die het vragenrecht immers aan ieder individueel Kamerlid verleent.

De Tweede Kamer heeft een aantal staatsrechtgeleerden gevraagd wat zij hiervan vonden: zij maakten natuurlijk gehakt[58] van deze interpretatie van de Grondwet. Twee unaniem aangenomen moties[59] in de Kamer trachtten deze terug te draaien. De regering besloot te wachten op een ongevraagd advies van de Raad van State (afdeling advisering). Die brandde zijn vingers er niet aan en schreef:

> De Afdeling acht het vooral van belang dat in de relatie tussen Kamerleden, bewindslieden en ambtenaren meer begrip en ontspanning wordt gebracht zodat artikel 68 Grondwet in de praktijk beter en effectiever gaat werken. De Afdeling gaat in het advies niet in op de precieze juridische reikwijdte van artikel 68 Grondwet of op de vraag of een Kamerlid recht heeft op specifieke documenten als bedoeld in de moties.[60]

Dit klonk het kabinet als muziek in de oren:

> Het kabinet is het eens met de constatering dat een discussie die te zeer gericht is op de reikwijdte van artikel 68 Grondwet, echte oplossingen in de informatierelatie niet dichterbij brengt. Het kabinet hecht eraan te werken aan de verbetering van de informatie- en vertrouwensrelatie door steeds te laten zien

> open en transparant te zijn en altijd aanspreekbaar wanneer daarover een verschil van inzicht bestaat met één of meer leden van de Kamer. Voor een effectieve en betere werking van artikel 68 Grondwet is meer begrip, ontspanning en vertrouwen tussen kabinet, Kamers en ambtenaren essentieel.[61]

Wanneer er een politiek explosief dossier op tafel ligt, is er geen ontspannen relatie tussen kabinet en Kamer en kan de vertrouwensrelatie op het spel staan. Als documenten dan geweigerd kunnen worden, dan kunnen individuele Kamerleden – en daarmee de Kamer als geheel – simpelweg niet effectief controleren. In dit dossier was het slechts mogelijk om te achterhalen dat het kabinet de waarheid niet verteld had door kennis te nemen van brondocumenten. Anders was het hele dossier nooit boven tafel gekomen. Het zeer creatief tegenhouden van openheid heeft tot grote vertraging geleid om te begrijpen wat er gebeurd is. De ouders hebben als gevolg hiervan jarenlang extra in bittere armoede doorgebracht. En nog steeds weten we niet precies wie voor een aantal desastreuze besluiten verantwoordelijk was.

Wat het weigeren van verstrekking van documenten betreft: vergelijk het met een accountant die een jaarrekening moet controleren. Deze loopt een bedrijf onmiddellijk uit als hij de bonnetjes niet mag inzien en als de directeur zegt dat hij hem maar moet vertrouwen dat hij de juiste informatie krijgt. Het is naïef om te denken dat de Kamer geen documenten zou mogen krijgen als zij die nodig acht. En dan hebben we het hier nog niet eens over staatsgeheime documenten.

Ik heb de vicevoorzitter van de Raad van State gevraagd of hij naar aanleiding van het kinderopvangtoeslagschandaal het ongevraagde advies spontaan wilde herzien. Het antwoord was 'nee'. We konden wel met een Kamermeerderheid een nieuw advies vragen.

Over de informatievoorziening in dit en in andere dossiers kan ik helder zijn: die voldeed niet aan de Grondwet. Er was geen vertrouwen in de relatie tussen kabinet en Kamer, juist omdat er veel op het spel stond. En ik heb, evenals bijvoorbeeld Renske Leijten, continu wegen moeten zoeken om ook maar een snippertje informatie te vinden. De energie en aandacht die dat vereisten konden we niet aan andere dossiers besteden, zoals mijn woordvoerderschap pensioenen. Dat kan een fijne bijvangst geweest zijn voor het kabinet, maar niet voor mij. En in dossiers waar minder op het spel staat, of waarvan je vermoedt dat er minder op het spel staat, kun je niet zo tot het gaatje gaan.

Journalisten en de Wet openbaarheid bestuur (Wob)

Terwijl de Kamer vragen stelde, probeerden journalisten Pieter Klein en Jan Kleinnijenhuis via vragen aan het ministerie en via Wob-verzoeken stukken boven tafel te krijgen. Het korte verhaal is dat dit in een uiterst moeizame en vijandelijke sfeer gebeurde. Wob-verzoeken werden constant vertraagd en wanneer de stukken kwamen, waren vele passages en vaak hele pagina's wit gemaakt. Sinds ik een keer met zwart gemaakte Wob-pagina's in de Kamer heb staan zwaaien, is wit de favoriete weglakkleur geworden. Dat valt iets minder op. Maar het verbergt natuurlijk net zoveel.

In deze affaire zijn Wob-stukken zeer vertraagd, zijn honderden pagina's wit gemaakt (ook met nieuwe redenen zoals dat de informatie die erop staat al openbaar zou zijn) en zijn cruciale factsheets uit juni 2019 uit de Wob-stukken gehouden. En het punt is: je weet niet wat je niet weet, dus dat kun je ook niet opvragen. Dat bleek na het doorprocederen bij de Wob over de Stint. Daar diende RTL in oktober 2018 een Wob-verzoek in. Pas in december 2020 deed de rechtbank een uitspraak. Die is echt vernietigend, zoals deze passage:

> 18. Verder is de rechtbank van oordeel dat 135 documenten van de volledig geweigerde documenten ten onrechte zijn geweigerd op grond van artikel 11, eerste lid, van de Wob. Deze documenten bevatten naar het oordeel van de rechtbank in het geheel geen persoonlijke beleidsopvattingen, waardoor niet valt in te zien dat verweerder de documenten met deze motivering in het geheel heeft geweigerd. Deze documenten zijn in de bijlage opgesomd. Het betreft bijvoorbeeld de documenten met nummers 418 en 559 betreffende een agenda voor een overleg, zonder dat daar een persoonlijke beleidsopvatting in staat.[62]

Het is het ministerie dan dus al twee jaar gelukt om 135 documenten, waaronder simpele agenda's van vergaderingen, geheim te houden. In veel zaken is na twee jaar de journalistieke belangstelling weg en leidt het rekken dus tot het nooit openbaar worden van documenten. Wat er onder de niet verschafte en de gelakte documenten zit? We weten het gewoon nog steeds niet.

De ouders en inzage in hun eigen dossier

De getroffen ouders wilden natuurlijk inzage in hun dossier. Zij wilden weten waarom zij van fraude beschuldigd waren en jarenlang door een hel moesten gaan. Toen de eerste ouders hun dossiers kregen, bleken die bijna volledig zwartgelakt te zijn en totaal onbegrijpelijk. Het was in december 2019 de directe aanleiding voor het aftreden van staatssecretaris Snel.

Ruim een jaar later, in februari 2021, moest de regering toegeven[63] dat er 1174 dossiers waren aangevraagd en dat er pas 59 volledige dossiers waren samengesteld. In een aantal gevallen waren er wel dossiers: voor mensen die in beroep zijn gegaan bij de rechtbank zijn de dossiers samengesteld. Het probleem is dat meer dan negenduizend van die dossiers onrechtmatig zijn vernietigd.[64] Onderzoek naar hoe dat kon loopt op dit moment nog.

Niet alleen bij inzage in het eigen dossier verliep het proces uitermate stroef en werden alle termijnen overschreden. De ouders kwamen bovendien vaak terecht in het FSV-systeem – de zwarte lijst van de Belastingdienst, waar sinds 2013 meer dan driehonderdduizend[65] personen en bedrijven op geplaatst zijn. Tot 2019 konden vijfduizend ambtenaren deze lijst inzien. Er werd niet bijgehouden of je al dan niet terecht op de lijst kwam te staan.

Bij het verzamelen van gegevens moet je volgens de wet een gegevensbeschermingseffectbeoordeling opstellen. Dat deed de Belastingdienst pas in 2019 en toen was onmiddellijk duidelijk dat deze dataset illegaal[66] was. Maar de data bleken al wel gedeeld, zo vertelde de voorzitter van de Autoriteit Persoonsgegevens. Dat betekent dat er sprake was van een datalek en dat al die mensen binnen drie dagen geïnformeerd zouden moeten worden.[67] Het zal u niet verbazen dat dat niet gebeurd is. Zelfs een aangenomen Kamermotie[68] om dat te doen, werd niet snel opgepakt. Maar omdat de informatie dat iemand fraudeur zou zijn, breed gedeeld werd, stond en staat er in allerlei overheidssystemen dat die persoon een fraudeur zou zijn.

De privacywetgeving werd en wordt dus onvoldoende nageleefd. En dat niet alleen. Toen de gemeenten de Belastingdienst aanboden de gedupeerden te helpen door hen te benaderen, weigerde de Belastingdienst aanvankelijk maandenlang de gegevens te delen, met een beroep op de privacywetgeving. Daarmee werd de privacywet (de AVG) dus van een instrument dat burgers moet beschermen tot een instrument dat de overheid beschermt.

> In 10 jaar tijd raakte ik alles kwijt, ik moest stoppen met mijn studie, mijn baan, mijn gezondheid verslechterde en ik mocht niet meer voor mijn zoon zorgen. Nu begint eindelijk duidelijk te worden wat er mis is bij de overheid en zal diezelfde overheid ervoor moeten zorgen dat mijn vertrouwen hersteld kan worden. Maar kan dat nog wel?
> (citaat gedupeerde)

Informatie van ambtenaren

In 1998 besloot[69] minister-president Wim Kok dat ambtenaren alleen contact mochten hebben met Kamerleden na toestemming van de minister en dan alleen om feitelijke informatie te verschaffen. Dit staat in Den Haag bekend als de oekaze-Kok.

Dit betekent dat ambtenaren disciplinair gestraft (kunnen) worden als zij met mij spreken. Het is voorgekomen dat ik had afgesproken met ambtenaren die mij echt iets wilden vertellen op een plek ver buiten de Tweede Kamer. Het betekent ook dat de ministers regelmatig geen toestemming verleend hebben aan ambtenaren om in de Kamer gehoord te worden door het parlement in een hoorzitting.

Zowel de Raad van State[70] als de staatscommissie-Remkes[71] heeft recentelijk kritiek gehad op deze oekaze, die de controletaak van het parlement in de weg zit. Zij stellen dat de regels minder streng zijn dan vaak uitgelegd, maar dat het in de praktijk niet werkt.

De recente wijziging van het kabinet in de oekaze-Kok is een eerste stapje.

Maar de combinatie van het straffen van klokkenluiders en het zeer beperkte contact dat ambtenaren met Kamerleden mogen hebben, betekent dat problemen in de uitvoering moeilijker gemeld worden en dat het eenvoudig is om onwelgevallige informatie ofwel weg te houden bij het parlement ofwel zo weg te stoppen in Kamerbrieven, bijlagen bij Kamerbrieven of in voetnoten van Kamerbrieven dat de regering formeel het standpunt kan innemen dat een probleem gemeld is, maar dat er van feitelijke, duidelijke en volledige informatieverstrekking nog geen sprake hoeft te zijn.

De informatiehuishouding van Jan Steen

Boven op deze problemen komt de dramatische informatiehuishouding van de ministeries, de zelfstandige bestuursorganen en ongeveer alles en iedereen in Den Haag.

In elk onderzoek dat het parlement gedaan heeft, komt naar voren hoe dramatisch die is.[72] In dit onderzoek waren bijvoorbeeld cruciale documenten zoek. Toen de Auditdienst Rijk onderzoek deed, merkten zij op dat meerdere verslagen van het Management Team Belastingdienst/Toeslagen en van de ministerstaf niet gevonden konden worden, net zomin als een verslag van de bestuursraad, een opdrachtgevers- en opdrachtnemersoverleg Financiën/szw, een verslag van het Management Team Fraude. Verder was er geen overdrachtsdossier voor staatssecretaris Wiebes, toen hij het overnam van staatssecretaris Weekers, en was er evenmin een overdrachtsdossier aangetroffen van de nieuwe directeur-generaal van de Belastingdienst in 2017.[73] En dit waren de dossiers waarvan de onderzoekers wisten dat ze bestonden. Zoals we eerder zagen, kon het cruciale advies van Sandra Palmen-Schlangen jarenlang onder de radar blijven.

De minister-president geeft aan dat er op zijn ministerie zelden verslagen worden gemaakt van gesprekken die op zijn ministerie plaatsvinden.[74] Zo wordt het vaststellen wanneer besluiten genomen zijn bijna onmogelijk. Alleen van de ministerraad en de onderraden daarvan worden verslagen gemaakt, maar die zijn juist weer staatsgeheim.

Verder kost het de Belastingdienst tweehonderd uur om een dossier van iemand samen te stellen. Dat duidt op een zeer gefragmenteerde administratie van de Belastingdienst en een totaal gebrek aan inzicht van de persoonlijke situatie van een belastingplichtige. En negenduizend dossiers die er wel geweest zijn, blijken ten onrechte te zijn vernietigd.

In het toeslagendossier raakt de gebrekkige, gefragmenteerde, deels vernietigde informatie de regering in haar hart. Het kabinet heeft lange tijd zelf geen duidelijk idee wat er gebeurd is, laat staan hoeveel slachtoffers er zijn van het beleid. Mark Rutte geeft in het debat over het aftreden van het kabinet zelf aan: 'De tragiek van het hele onderwerp, van het hele dossier, van het hele drama is dat niemand tot grofweg mei, juni 2019 wist of zich realiseerde hoe groot en omvangrijk de problematiek was.' Alleen lijkt hij zelf niet ten volle te beseffen dat dat mede te danken is aan de eigen informatiepuinhoop.

Als je geen verslagen bijhoudt, niet gestructureerd informatie verzamelt en opslaat, dan heb je geen inzicht in de gevolgen van je eigen beleid. En dan evalueer je je eigen beleid alleen maar aan de hand van je eigen modellen, maar niet aan de hand van de werkelijke uitkomsten bij echte mensen van vlees en bloed.

De Haagse Bermudadriehoek

We moeten dus vaststellen dat belangrijke informatie zo lang geheim kon blijven omdat bijna alle kanalen waardoor de informatie naar buiten kan komen, verstopt zijn. Maar die kanalen zijn niet per ongeluk verstopt, maar door bewuste besluiten. Als je ambtenaren verbiedt te praten met politici en als je klokkenluiders in je eigen ambtenarenapparaat aanpakt, dan verklein je de kans dat misstanden naar buiten komen. En als er dan ook nog een leemlaag van management tussen de uitvoerende ambtenaren en de top van de Belastingdienst zit en de ambtelijke top relatief snel rouleert, dan worden problemen ook niet snel helder voor de topambtenaren.

In het toeslagendossier is de Kamer herhaaldelijk onvolledig, ontijdig en onjuist geïnformeerd. En belangrijke stukken zijn achtergehouden voor de Kamer, maar ook voor de pers, de rechters en staatsraden. Een aantal cruciale documenten werd pas na het aftreden van de regering openbaar. Er is altijd wel een reden om documenten niet te verschaffen: bijna alles kan als intern beraad geclassificeerd worden en dat was de smoes voor het niet verschaffen van documenten aan de Kamer. Maar ook redenen dat de informatiehuishouding niet op orde was, dat evaluaties toezichtsvertrouwelijk zouden zijn, dat de titel van het gevraagde document niet correct was, zijn allemaal gebruikt om geen informatie en stukken te verschaffen. Het leek soms meer op het smoezenboek van een brugklasser die niet op tijd kan komen, dan op serieuze controle in een democratie.

Deze mechanismes samen hebben geleid tot een Haagse Bermudadriehoek in dit dossier: lange tijd hadden bewindspersonen niet in de gaten wat er gebeurde en deelden zij niet mee wat er gebeurde, omdat zij het niet wisten. Maar dat zij het niet wisten, heeft te maken met de manier waarop het openbaar bestuur functioneert en de keuzes die gemaakt zijn over de inrichting. Het is geen natuurverschijnsel waar we naar kijken.

In dit dossier kwam de doorbraak vooral via de informatie van ouders en van Eva González Pérez. De SP heeft in de zomer van 2019 vele mensen gesproken en een zwartboek samengesteld, waarin duidelijke patronen zichtbaar werden. Daar kwam dus uit naar voren dat ouders die de kwalificatie opzet/grove schuld kregen (fraudeur) in grote problemen waren gekomen. Dat was een probleem dat de regering niet zelf aan de Kamer wilde uitleggen, laat staan oplossen.

De ouders of lobbygroepen

Sommige lobbygroepen zijn heel vocaal in Den Haag.[75] Neem de lobby voor elektrisch rijden. Toen ik in 2011 samen met VVD en PVV voorstellen deed die tegen de voorstellen van onze eigen regering in gingen, was de wereld te klein. Ik stelde simpelweg voor om leaserijden in een Mitsubishi Outlander (die 30 kilometer elektrisch kon rijden en verder vooral onzuinig op benzine) niet jarenlang gratis te laten zijn voor de leaserijder. De regering was kwaad, er kwam een advertentie,[76] betaald door onder andere Natuur & Milieu en de gemeente Rotterdam en gericht tegen de coalitie-Kamerleden, en prins Maurits legde in *Pauw en Witteman*[77] even uit waarom wij onverstandige plannen hadden. Later bleek de subsidie op de Mitsubishi Outlander een van de domste subsidies[78] ooit en we wisten dat nultarief in een compromis toch twee jaar korter te laten duren,[79] tot chagrijn van velen.

Dit zijn de krachten die vaak op politici gelegd worden. De tegenstelling met deze ouders kan niet groter zijn: een aantal ouders kon nauwelijks eten kopen. Dan volgen geen advertenties of ingehuurde prinsen, maar handgeschreven brieven naar de Belastingdienst, die niet gelezen worden. De Belastingdienst is machtig en werd geloofd, zelfs door familieleden van de slachtoffers.

In de afgelopen jaren, maanden en weken zijn mensen in stilte bij mij gekomen, buiten het zicht van anderen en van camera's. 'Het is mij ook overkomen.' Een advocaat. Een medewerker van de Tweede Kamer, die mij nauwelijks durfde aan te spreken. Een mevrouw die mij op het strand herkende en een meneer die mij na twee jaar een keer aansprak in de kerk in Enschede. En drie ouders op het schoolplein. Zij waren op en kapot.

Die persoonlijke levensverhalen zijn schrijnend, elke keer weer. En zij laten zien dat besluiten in Den Haag enorme gevolgen hebben voor de privélevens van mensen, dat tegenmacht of controle van die besluiten geen luxe is, maar een absolute en bittere noodzaak. Zij tonen dat het kwijtmaken van informatie in de Haagse Bermudadriehoek hun lijden verlengd heeft, omdat het onzichtbaar gemaakt werd.

Dat is de belangrijkste reden waarom verandering, herstel van vertrouwen noodzakelijk is. Dat kan alleen door het beter borgen van rechten van burgers en betere macht en tegenmacht. En door een grotere mate van openheid van de regering. Want alleen als je de feiten kent, kun je controleren, kun je de juiste besluiten nemen. En juist de feiten worden aan het zicht onttrokken in Den Haag.

DEEL V

Het toeslagenschandaal is geen incident

Het toeslagenschandaal zou natuurlijk dat ene bijzondere natuurfenomeen kunnen zijn dat zich eens in de duizend jaar voordoet. Net zoals heel af en toe iemand geraakt wordt door een meteoriet. Daar kun je aan doodgaan, maar de kans is zo klein dat we verder geen actie ondernemen om je daarvoor te behoeden.

Het toeslagenschandaal is echter meer zoals de dijkdoorbraak van 1953. Dat was een ramp waarvoor jarenlang gewaarschuwd was, die fundamentele zwakheden in de bescherming tegen de zee blootlegde. De regering wist toen goed wat ze moest doen, want veel plannen lagen er al sinds de jaren twintig. En er bestond ook geen neiging om terug te kijken: er was nog geen onderzoeksraad voor de veiligheid en er volgde geen parlementaire enquête. Maar de regering installeerde wel al twintig dagen na de ramp een Deltacommissie, die uiteindelijk leidde tot de deltawerken. Die hebben Nederland in ieder geval sinds 1953 goed beschermd tegen de zee.

Zo'n soort actie is ook nu nodig in Nederland: doortastend optreden om de weeffouten te herstellen. In dit deel laat ik zien dat de problemen in het kinderopvangtoeslagschandaal helaas niet op zichzelf staan. Er zijn veel vergelijkbare dossiers, zoals het herstel van de aardbevingsschade in Groningen evenals een aantal dossiers bij de Belastingdienst en elders, waar de patronen uit het vorige deel herkenbaar zijn.

Subsidierelaties helpen niet om misstanden boven te krijgen. Weinig mensen willen daarover in het openbaar iets vertellen, maar ik heb een helder en triest voorbeeld. En de informatieverstrekking aan het parlement is veel vaker een probleem, niet alleen in het toeslagendossier maar ook in andere.

Groningen

Het herstel van de aardbevingsschade in Groningen en in een stukje van Drenthe verloopt tergend langzaam. De krachtige aardbeving in Huizinge in 2012 leidde uiteindelijk weliswaar tot het snel fors terugbrengen van de gaswinning in Groningen, maar het herstel van de schade verliep hier uiterst traag. En dat beschadigde het vertrouwen van de getroffen gezinnen en ondernemers enorm. Mensen konden namelijk gewoon niet verder met hun leven. Een parlementaire enquête zal in de komende jaren licht op de zaak werpen, maar het is duidelijk dat veel mensen veel te lang hebben moeten wachten op hulp van de overheid, die wel fors profiteerde van de gaswinning.

Groningen was niet het enige dossier waar het misging: een parlementair onderzoek naar uitkeringsorganisaties (de commissie-Bosman) loopt nog. De verhoren daarvan trokken minder aandacht dan de verhoren rondom de kinderopvangtoeslag, maar leverden gelijksoortige beelden op: wetten, organisaties en structuren waarin de burger verdwaald raakt, zijn recht niet kan halen en bij tijd en wijle vermalen wordt.

De problemen bij de medische keuringen van rijbewijzen bij het CBR waren zodanig groot dat mensen die een rijbewijs nodig hadden voor hun werk – mantelzorgers en anderen – de auto een tijd lang niet konden gebruiken en daardoor ernstig beperkt waren. Deze problemen kwamen vol aan het licht in 2019, voordat corona natuurlijk beperkingen oplegde aan bijvoorbeeld praktijkexamens. Op een redelijk eenvoudige kerntaak was de overheid niet in staat om te leveren richting burgers.

Belastingdienst: leenbijstand leidt tot grote terugvorderingen

Bij de Belastingdienst was het kinderopvangtoeslagschandaal beslist niet het enige of het eerste probleem dat speelde. Bijna alle ingrediënten van het schandaal waren de afgelopen jaren al een keer langsgekomen.

De nationale ombudsman schreef[1] in 2014 over een urgent probleem aan minister Lodewijk Asscher van Sociale Zaken en aan staatssecretaris Eric Wiebes van Financiën. Het onderwerp was de leenbijstand. Als ondernemer krijg je bijstand in de vorm van een voorschot, een lening. Als achteraf blijkt dat je recht had op bijstand wordt die lening omgezet in een gift. Bijvoorbeeld als je in 2011 respectievelijk 2012 leenbijstand had van zeg 10.000 euro respectievelijk 10.000 euro en je had in 2013 weer een eigen inkomen van € 15.000, dan werd de leenbijstand over 2011 en 2012 in 2013 omgezet in een gift. Het gevolg was dat het inkomen in 2013 dan plotseling € 35.000 bedroeg, op papier althans. Want je had ook echt maar € 15.000 om uit te geven.

Deze alleenstaande ondernemer moest dan over 2013 alle huurtoeslag terugbetalen, alle zorgtoeslag en eventueel een deel van het kindgebonden budget en de kinderopvangtoeslag. Het gevolg was dat iemand die net uit de problemen was in één keer zoveel moest terugbetalen dat hij of zij onmiddellijk in de schuldsanering terechtkwam. De ombudsman verzocht om dat direct op te lossen door ook met terugwerkende kracht mensen te compenseren, want dit kon niet de bedoeling zijn. De regering wees dit in 2015 af.[2]

Het duurde daarna meerdere Kamervragen voordat deze onbedoelde uitwerking van de wet werd rechtgezet per 1 januari 2017. Ook hier waren mensen het faillissement in gedreven. En het kostte de twee ministeries, Sociale Zaken en Financiën, jaren om een oplossing te vinden. Want de eerste Kamervragen dateerden al van 2010. Dat hierdoor velen van de vierduizend leenbijstandontvangers per jaar ernstig in de problemen kwamen, leidde niet tot urgentie. De regering schatte dat 15.000 mensen deze problemen (inclusief faillissement) ondervonden hebben tussen 2006 en 2017, maar vond compensatie te duur.[3] De Kamer regelde nog wel een beperkte compensatie, maar daar gaf de Belastingdienst totaal geen ruchtbaarheid aan, zodat er van die regeling nauwelijks gebruikgemaakt is. We wachten nu op een evaluatie.

Belastingdienst: kinderopvangtoeslag als je partner in een verpleeghuis woont

De partnerdefinitie is bij de kinderopvangtoeslag een heel belangrijke. Vergeet niet dat het op dit moment zo is dat beide partners moeten werken om recht te hebben op een toeslag. Of ze moeten een studie, een werkervaringstraject of een inburgeringcursus volgen.

Als een van de ouders niet voor een kind kan zorgen geven gemeentes een sociaal-medische indicatie. Dan mag een kind een aantal uren naar de opvang op kosten van de gemeente. Veel gemeentes hanteren daarvoor een grens van iets meer dan het bijstandsniveau.

Eén groep valt hier precies buiten. Als een van de twee partners, vaak onverwacht, wordt opgenomen in een WLZ-instelling zoals een verpleeghuis of een ggz-kliniek en de andere partner werkt, dan is er geen recht op kinderopvangtoeslag. Er zijn in deze zaken zeer pijnlijke en hoge terugvorderingen geweest bij gezinnen die natuurlijk al een zeer traumatische ervaring hebben gehad.

Het is evident dat je niet voor je kinderen kunt zorgen als je opgenomen bent in een verpleeghuis. In 2011 waren er al Kamervragen[4] over een situatie waarbij de vader totaal verlamd was. De Belastingdienst had de moeder geschreven: 'Mogelijk gaat u in de toekomst duurzaam gescheiden van uw man leven, dan is dat wel een reden om kinderopvangtoeslag toe te kennen.' Oftewel: als u gaat scheiden, heeft u wél recht op kinderopvangtoeslag.

Ook latere Kamervragen leidden tot verwijzingen naar gemeentes, maar niet tot een oplossing. Sterker nog: de regering moest erkennen[5] dat een wetsartikel uit 2002 dat erin voorzag dat categorieën personen met een lichamelijke, zintuiglijke, verstandelijke of psychische beperking aangewezen zouden worden voor wie deze beperkingen kinderopvang noodzakelijk maakten, nooit in werking was getreden.

Recentelijk bleek[6] dat er meer dan tien fiscale wetten zijn waarvan belangrijke onderdelen nooit in werking zijn getreden. In Nederland is het heel goed mogelijk om wetten goed te keuren die nooit in werking treden.

Pas in 2020 is een wetswijziging aangenomen die een groot deel van het probleem oplost, na bijna tien jaar lang signalen van burgers en Kamervragen te hebben ontvangen.

Belastingdienst: verworven recht op de huurtoeslag

In Nederland krijg je huurtoeslag als je huur onder een maximumgrens ligt (€ 752,33 per maand), als je niet te veel eigen vermogen hebt en als je inkomen niet te hoog is. In de wet staat dat een bepaalde groep huurders deze huurtoeslag houdt als de huur door huurverhogingen door die grens heen stijgt. De Belastingdienst voerde dat goed uit, maar als je ook maar een maand geen recht had op huurtoeslag, bijvoorbeeld omdat je inkomen te hoog was of het vermogen boven de vermogensgrens zat, dan kreeg je geen huurtoeslag meer als je inkomen weer daalde of het vermogen weer daalde. Situaties waarin dat gebeurde waren bijvoorbeeld bij de vrijwillige afkoop van een pensioen, een werkend kind dat weer even bij de ouders ging wonen of een kleine erfenis. Dit zijn al buitengewoon pijnlijke situaties, want deze huurders hebben een duur huurhuis, een laag inkomen en een gering eigen vermogen.

De Afdeling Bestuursrechtspraak van de Raad van State oordeelde[7] in juni 2019 dat als iemand opnieuw een laag inkomen of laag vermogen had, er weer recht bestond op huurtoeslag. Kamervragen[8] in oktober 2019 om te vernemen wanneer het oordeel van de hoogste bestuursrechter van Nederland zou worden omgezet in beleid, werden niet beantwoord. Dan kan de Kamer maar één ding doen en dat is de regering naar de Kamer halen. Op 10 december, zes maanden na de uitspraak, moest de minister in de Kamer tijdens het vragenuurtje toegeven dat ze nog geen antwoorden had. Twee departementen waren dus al zes maanden bezig om na te denken hoe ze een eenvoudige uitspraak van de Afdeling Bestuursrechtspraak van de Raad van State moesten uitvoeren. De uitvoering is nu een beetje ter hand genomen, maar een heldere uitspraak van de Afdeling Bestuursrecht van de Raad van State alleen was kennelijk niet voldoende om het beleid te wijzigen. Daarvoor waren nog extra televisie-uitzendingen en Kamervragen nodig.

Een structureel probleem, maar niet voor grote bedrijven

Deze voorbeelden tonen aan dat geen gevolg geven aan brieven van de ombudsman of uitspraken van de Afdeling Bestuursrechtspraak van de Raad van State vaker voorkomt. De lijst van dit soort voorbeelden, die allemaal geleid hebben tot zeer schrijnende persoonlijke omstandigheden voor duizenden burgers, is echter veel langer. Het zijn helaas geen incidenten. Het is structureel.

Het is structureel voor burgers en kleine ondernemingen maar niet voor grote bedrijven. Terwijl de Belastingdienst achter ouders aan ging, hielp de Nederlandse ambassade in Kiev, Oekraïne in 2013 een presentatie te organiseren op de ambassade waarin onder andere een Nederlands trustkantoor uitlegde hoe geld door Nederland kon stromen en er een minimum aan belasting betaald hoefde te worden. Dit soort presentaties werd met hulp van de Nederlandse regering ook in andere landen gegeven, zoals in Thailand en Indonesië.

Grote bedrijven kunnen natuurlijk ook veel minder goed tegen onzekerheid dan burgers. Daarom kunnen zij 'rulings' krijgen, afspraken waarmee zij duidelijkheid vooraf kunnen verkrijgen van de Belastingdienst over hoeveel je de komende tijd aan belasting moet betalen. Een zekerheid dus die burgers nooit kregen over hun voorschotten op de kinderopvangtoeslag, waar ze achteraf alles moesten bewijzen.

Niet alleen de Belastingdienst

Naar aanleiding van het kinderopvangtoeslagschandaal heeft de Tweede Kamer gevraagd[9] om uit te zoeken welke andere wetten te hard zijn in wetgeving of uitvoering. De regering heeft zelf ook een lange lijst initiatieven genomen die erop duiden dat ze ook elders forse problemen vermoeden. De participatiewet (bijstand), de arbeidsongeschiktheidswetten en de fosfaatrechten zijn duidelijke kandidaten waar burgers zwaar in de problemen kunnen komen.

Subsidierelaties belemmeren het blootleggen van misstanden

Wanneer je subsidie ontvangt van een ministerie, kun je niet altijd vrijelijk kritiek uiten. Anoniem is mij dat meerdere keren verteld, maar bijna niemand wil in het openbaar vertellen hoe dit precies gaat. Een uitzondering is Rachel Imamkhan van

PrisonLaw. Zij stond in opdracht van het ministerie van Buitenlandse Zaken Nederlandse gevangenen bij tussen 2012 en 2019 en kreeg daar subsidie voor.

Wij leerden elkaar kennen in de zaak van Romano van der Dussen. Romano was in 2003 opgepakt en tot vijftien jaar gevangenisstraf veroordeeld in Spanje voor een vrij gruwelijke verkrachting en twee aanrandingen in één nacht. Alleen had Romano altijd ontkend en kwam het DNA-materiaal op het slachtoffer niet overeen met dat van Romano. Al in 2007 was er een coldcasematch met het DNA van de Britse moordenaar Mark Dixie. Er gebeurde echter helemaal niets en Romano bleef maar vastzitten. Imamkhan zette zich in voor Romano en ging zelf naar Mark Dixie in de gevangenis in Durham en kreeg hem zover om hem te laten verklaren dat hij de verkrachter was. Het heropenen van het proces duurde tijden. Ik stelde Kamervragen, Romano vroeg zijn dossier op en Imamkhan wilde schot in de zaak. Dit was echt volledig tegen het zere been van het ministerie van Buitenlandse Zaken.

Imamkhan vertelde dat het ministerie haar suggereerde de verdediging neer te leggen en dat het haar organisatie verweet samen met mij te werken. Het ministerie belde PrisonLaw onophoudelijk en oefende druk uit om precies te vertellen welke machtiging Romano getekend had over Wob-documenten. Bij persmomenten oefende het ministerie druk uit om de subsidierelatie te benoemen en zaken te corrigeren. Zij vertelde over intimiderende telefoontjes, ook tijdens de vakantie, over bijvoorbeeld door mij ingediende Kamervragen. Er werd gedreigd de subsidierelatie in te trekken.

Deze affaire eindigde uiteindelijk met de vrijlating van Romano, dankzij de bemoeienis van Imamkhan. Maar het had gevolgen voor de relatie tussen PrisonLAW en het ministerie. Ik citeer Imamkhan:

> De subsidierelatie met PrisonLAW en BuZa was vooral gebaseerd om de minister – in het geval bij Romano – uit de wind te houden en had niets van doen met de belangenbehartiging of bijstand aan Romano. De subsidie had als doel om juridische bijstand aan gedetineerden te verlenen, maar bij kritiek van de subsidieontvanger aan de subsidieverstrekker wordt er gedreigd de subsidie stop te zetten. De subsidie wordt door de subsidieverstrekker als troef ingezet om bepaald gedrag bij de ontvanger af te dwingen (bij misstanden in een dossier wordt aangestuurd om niet naar de ombudsman te stappen).

Imamkhan speelde dus een cruciale rol om de werkelijke dader te vinden en de aanklachten op te lossen. Romano was uiteindelijk vrij en kon met vallen en opstaan zijn leven weer opbouwen. Maar de relatie tussen PrisonLAW en het ministerie was kapot.

Informatie verbergen voor het parlement

Hoe spannender het politiek wordt, hoe moeizamer stukken boven tafel komen. In eenvoudige dossiers wil de regering wel redelijk relaxed de gevraagde informatie verschaffen. Maar bij politiek gevoelige dossier loopt het veel moeizamer. Het kan dan gaan over de steun aan Syrische rebellen (NLA-steun) of de stukken rondom de besluitvorming van de luchthaven Lelystad. Ze komen gewoon moeilijk boven water.

Professor Wim Voermans heeft laten zien dat het aantal informatie-incidenten in het parlement de afgelopen jaren fors is toegenomen: hij heeft er meer dan zestig gevonden,[10] waarbij de regering deze ook zelf toegegeven heeft. Dat zijn dus geen incidenten meer, dat is een zeer zorgwekkend patroon in een parlementaire democratie.

Patronen vragen om structurele oplossingen

De problemen zitten kortom diep, en niet alleen bij de Belastingdienst. Dat betekent dat we voor de oplossingen ook dieper moeten gaan en zelf moeten kijken naar onze basiswaarden, die in de Grondwet vastliggen. We moeten dus terug naar de fundamenten van onze staat en het functioneren ervan. Daar liggen gelukkig oplossingen. Die oplossingen zijn niet altijd origineel. Het zijn in een aantal gevallen zelfs oplossingen die al goed werken in andere vergelijkbare westerse democratieën. Tijd dus voor een nieuw sociaal contract.

DEEL VI

Een nieuw sociaal contract

Het belang van machtsevenwicht in de rechtsstaat

'Rechtvaardigheid is de houding krachtens welke iemand met standvastige en bestendige wil aan ieder zijn rechten toekent,' zo stelde ooit de filosoof en theoloog Thomas van Aquino (1225-1274). Zijn definitie van rechtvaardigheid was zeker niet nieuw maar ontleende hij aan het Romeinse recht.[1] Via de Romeinen en via onder andere Plato, Aristoteles, Cicero en Augustinus is deze gedachte van het *suum cuique tribuere* – 'ieder het zijne toebedelen' – gaandeweg gemeengoed geworden in de westerse traditie. De publieke rechtvaardigheid vormt de basisnorm voor het maatschappelijke en politieke leven en is een kernwaarde van onze moderne rechtsstaat. Want in een rechtvaardige samenleving behoren de gelijke rechten van iedere burger ook tegenover de overheid gewaarborgd te zijn. Voor iedereen geldt immers hetzelfde recht en ieder dient zich aan het recht te houden: burgers, organisaties en overheid.

In de rechtsstaat heeft de overheid bijzonder veel macht.

Deze macht ontvangt zij van de burgers, om zo in de noodzakelijke, gemeenschappelijke behoeften te kunnen voorzien. De overheid is er kortom niet voor zichzelf maar voor de burger, en juist dat legitimeert haar macht, binnen de grenzen van het recht. Deze impliciete afspraak tussen overheid en samenleving – oftewel het sociaal contract – zorgt ervoor dat de macht van de overheid ook alleen voor het doel van het publieke recht wordt aangewend, en niet voor iets anders. Het contract staat dus model voor een vertrouwensbasis. Maar hoe kunnen we er als samenleving op vertrouwen dat het sociaal contract ook daadwerkelijk wordt nageleefd en burgers beschermd zijn tegen potentieel machtsmisbruik door de staat? Het antwoord is: door de rule of law, door de waarborging van de grondrechten en door echt werk te maken van de machtenscheiding: macht en tegenmacht, checks-and-balances. Dit zijn de drie grondbeginselen van de rechtsstaat.

Onze rechtsstaat is gebouwd op het principe dat iedere macht begrensd wordt, ook de macht van de staat. Dit gebeurt onder meer door overheidsmacht te spreiden over verschillende organen, die in een bepaald evenwicht tot elkaar staan. Deze machtenscheiding voorkomt dat de staatsmacht de burger blootstelt aan willekeur van de overheid. Aan de basis van dit beginsel van machtenscheiding staan de ideeën van de Franse sociaal en politiek filosoof Charles Montesquieu (1689-1755). Zijn driemachtenleer, de trias politica, heeft de staatsinrichting van veel westerse landen beïnvloed, waaronder die van Nederland, en houdt in dat de macht in een land verdeeld moet zijn tussen een wetgevende macht, een uitvoerende macht en een rechtsprekende macht. Deze drie machten kunnen niet zonder elkaar, het zijn de drie pijlers van elke rechtsstaat. Wel dienen zij onafhankelijk van elkaar werkzaam te zijn en elkaars werking te controleren. Van een zuivere machtenscheiding is echter nooit sprake, eerder van een systeem van checks-and-balances dat ervoor zorgt dat het evenwicht tussen de drie staatsmachten in stand wordt gehouden.

Evenwicht is dus cruciaal en vormt de essentie van de trias politica. In Nederland is de wetgevende macht niet strikt gescheiden van de uitvoerende macht, omdat de uitvoerende macht, de regering, ook wetgevende taken heeft. Het machtsevenwicht is mede hierdoor altijd wat kwetsbaarder geweest. De laatste jaren is het machtsevenwicht echter aan ernstige erosie onderhevig.

De noodzaak tot herstel van het vertrouwen: een nieuw sociaal contract

De voorgaande delen hebben duidelijk gemaakt dat er in Nederland grote problemen zijn ontstaan met macht en tegenmacht. De conclusies van de parlementaire commissie kinderopvangtoeslag in het rapport 'Ongekend onrecht' tonen aan dat het gehele systeem – de gehele trias politica – over langere tijd heeft gefaald. De mechanismen van de rechtsstaat functioneerden niet meer, waardoor de instituties onder druk zijn komen te staan. Dat is problematisch want zonder sterke, gezaghebbende instituties die burgers tegen mogelijke willekeur van de staat beschermen, erodeert het sociale contract.

Het toeslagenschandaal heeft pijnlijk helder laten zien wat deze erosie van het sociale contract in de praktijk betekent. Tienduizenden goedwillende burgers zijn onterecht als fraudeur bestempeld zonder dat zij zich tegen de almacht en willekeur van de staat konden verweren. De persoonlijke schade is enorm en het vertrouwen in de overheid is onder grote delen van de bevolking – geheel terecht – ernstig beschadigd. En het gaat niet alleen om het toeslagenschandaal. Ook de afhandeling van de aardbevingsschade in Groningen is een manifestatie van grootschalig overheidsfalen. Niet alleen roept dit alles ernstige twijfels op over de politiek-bestuurlijke staat van ons land maar ook over het rechtsstatelijk fundament waarop onze samenleving rust. Het politiek-bestuurlijke falen dat door het toeslagenschandaal aan het licht is gekomen raakt aan een fundamenteel probleem: het functioneren van de rechtsstaat en daarmee het vertrouwen tussen overheid en burger.

Wat mij grote zorgen baart, is het feit dat bij een groot deel van onze politieke en bestuurlijke elite de ernst van deze problematiek nog steeds niet in volle omvang lijkt door te dringen. Het probleem is niet beperkt tot de kinderopvangtoeslag, maar daar had het overheidshandelen wel dramatische effecten. Compensatie voor de ouders is natuurlijk gepast, maar lost de dieperliggende problemen niet op. Men onderschat de omvang van de frustratie, van de machteloosheid bij een kwetsbaar deel van de bevolking. Een groeiende groep mensen heeft grote problemen om zich staande te houden in een maatschappij die lijkt te zijn ingericht voor en door een kleine maatschappelijke bovenlaag van veelal hoogopgeleiden die alle regelingen begrijpen of toegang hebben tot iemand in hun netwerk die de regeling, de wet of de procedure wel begrijpt. De ingewikkeldheid van de regelgeving zorgt op zichzelf al voor een tweedeling in de samenleving, waar de groep die het kan bijbenen steeds kleiner wordt.

De overheid lijkt steeds minder gericht op dienstbaarheid

aan de burger – aan het sociaal contract – en steeds meer op het blindelings volgen van regels en procedures, zonder oog te hebben voor de werkelijkheid en de problemen waar veel burgers tegenaan lopen.

De geschiedenis leert ons dat juist die sluimerende onvrede in de samenleving gevaarlijk kan zijn en tot wanorde, verzet en zelfs tot opstand, tot revolutie kan leiden. Het is daarom van groot belang dat we het vertrouwen tussen overheid en burgers herstellen en werken aan elkaar over en weer controlerende instituties. Dit is natuurlijk niet via één simpele maatregel te realiseren, maar vraagt om fundamentele veranderingen, om een nieuw sociaal contract: een nieuwe manier waarop overheid en samenleving zich tot elkaar verhouden. Het vergt een opnieuw doordenken en weven van de rechtsstaat. Voor dat proces wil ik een aantal concrete voorstellen doen.

1 De Grondwet zelf, een grondwettelijk hof

Anders dan in de meeste andere rechtsstaten kunnen Nederlandse rechters de wetten die zijn aangenomen door ons parlement niet toetsen aan de Nederlandse Grondwet, het deel van het rechtsstelsel waarin onze belangrijkste fundamentele rechten zijn vastgelegd. Rechters mogen wetten wel toetsen aan rechtstreeks werkende internationale verdragen, waarvan het Europees Verdrag voor de Rechten van de Mens (EVRM) veruit het belangrijkst is, maar de drempel is hoog.[2] Voor de ultieme toetsing aan grondrechten staat ook altijd de mogelijkheid open om een verzoekschrift in te dienen bij het Europees Hof voor de rechten van de Mens.[3]

Het is niet langer gepast dat voor de ultieme toetsing aan grondrechten een Nederlandse burger naar het Hof in Straatsburg moet, omdat de Nederlandse rechter Nederlandse wetten niet aan de grondrechten in de Grondwet mag toetsen.

De constitutionele toetsing aan de Nederlandse Grondwet wordt nu overgelaten aan de wetgever, dus de Tweede en Eerste Kamer en de regering, die er ieder voor zich en allen tezamen op moeten letten dat de wetten die zij maken niet in strijd zijn met de Grondwet. Het parlement dient in het wetgevingsproces dus te waarborgen dat mensenrechten in Nederlandse wetten worden gerespecteerd. Maar een garantie dat de betreffende wet wordt ingetrokken of aangepast als deze de rechten van burgers schendt, is er niet. Coalitiepartijen zijn vaak gebonden aan uitgebreide regeerakkoorden en maatschappelijke akkoorden, waardoor deze toetsing naar de achtergrond verdwijnt, zelfs wanneer de Raad van State waarschuwt.

Hierdoor kunnen rechten en zeggenschap van burgers sluipenderwijs worden aangetast. Want zodra een wet eenmaal in werking is getreden, is er geen mogelijkheid meer voor de burger om zich bij de rechter te beklagen als hij zich door die wet aangetast voelt in zijn grondwettelijke rechten. De enige die nog kan ingrijpen is de formele wetgever zelf, wanneer deze tot het inzicht komt dat zijn eerdere beslissing onjuist is geweest of gebleken. Dit druist in tegen de machtenscheiding en het fundament van de rechtsstaat.

Een Constitutioneel Hof biedt hiervoor een oplossing en zal leiden tot een diepgaander bewustzijn van de rechten van de burger, ook tijdens het wetgevingsproces. De dreiging dat het grondwettelijk hof een wet onverbindend verklaart en wel vrij snel na de invoering ervan, zal ook leiden tot een betere discussie vooraf over de inhoud van de wet.

Het grondwettelijke hof kan toetsen aan de klassieke grondrechten.[4] Maar het kan eventueel ook andere taken krijgen, zoals voorgesteld door de 'Staatscommissie Parlementair Stelsel'. Als extra taak is bijvoorbeeld ook toetsing aan Artikel 68 van de Grondwet – het recht op informatie en documenten van Kamerleden – wenselijk want nu probeert de regering die bepaling zelf te veranderen. Dat leidde er dus toe dat relevante documenten in de kinderopvangtoeslagenaffaire lange tijd weggehouden werden van de Staten-Generaal. Wanneer een parlementariër rechtstreeks naar het Constitutioneel Hof stapt om een document onmiddellijk van de regering te krijgen, zal de regering zich daarna vrij snel aan de Grondwet houden. De invoering van het Constitutioneel Hof vereist echter een grondwetswijziging[5] en zal dus de nodige tijd vergen.

2 Een echte band tussen kiezer en gekozene: vernieuwing van het kiesstelsel

Vertrouwen, in elkaar en in de overheid, is alleen mogelijk als iedereen zeggenschap heeft en mee kan doen, als we betrokkenheid en draagvlak van onderop organiseren. Waar we dan ook voor moeten waken is een samenleving waarin het politieke debat voornamelijk nog wordt gevoerd door een hoogopgeleide en deskundige elite,[6] terwijl een toenemend aantal mensen zich onvoldoende gehoord voelt en steeds verder van de politiek wegdrijft. Deze hoogopgeleide en deskundige elite staat daarnaast vaak veel te ver af van de dagelijkse effecten van beleid en maatregelen op het overgrote deel van de bevolking.

Die politieke elite bepaalt feitelijk wie er in de Kamer komt door de opstelling van de kieslijsten. Een enkeling weet via voorkeursstemmen alsnog in de Kamer te komen, maar dat zijn er de afgelopen Kamerverkiezingen gemiddeld slechts twee per verkiezing geweest.[7] Dit probleem kan worden opgelost door kieskringen in te stellen in Nederland, die in principe samenvallen met de provincies. Op deze wijze kan de directe band tussen kiezers en gekozenen worden versterkt. Dit versterkt de band tussen kiezer en gekozene, omdat de volksvertegenwoordiger weet dat hij zijn mandaat de volgende keer bij de kiezer in de provincie moet halen. De provinciale afdelingen en kiezers moeten dan ook een grotere rol krijgen in de selectie van welke kandidaat gekozen wordt. Dat betekent automatisch dat het Kamerlid zich meer op de vertegenwoordigende rol richt.

Via de provinciale kieskringen komen dan ongeveer 110 leden in de Kamer. De overige veertig Kamerleden komen via een landelijke lijst in de Kamer terecht en op zo'n manier dat de Tweede Kamer nog steeds evenredige vertegenwoordiging[8] kent. Dit systeem is vergelijkbaar met het Deense systeem.[9] Door een direct mandaat staan Kamerleden ook sterker ten opzichte van hun partij.

3 Een volksvertegenwoordiging die haar kerntaken serieus neemt

De Tweede Kamer heeft een aantal kerntaken zoals het maken van goede, deugdelijke wetgeving en het grondig en diepgaand controleren van de regering. Voor de uitoefening van haar taken maakt de Grondwet geen onderscheid tussen oppositie-Kamerleden of coalitie-Kamerleden. Beiden hebben dus diezelfde taak.

In de praktijk lijkt het er echter meer op dat overal een mening over hebben, schriftelijke en mondelinge vragen stellen en in de media verschijnen, de kerntaak van parlementariërs is. Het maken van goede wetten en het controleren van de regering bij de uitvoering zijn veel taaiere, eerder onzichtbare processen, die meer aandacht vragen dan ze nu krijgen. Dit is alleen mogelijk door het werk van het parlement anders in te richten.

Wetgeving wordt vaak behandeld met een algemeen verhaal van de woordvoerder waarin wordt aangegeven dat het doel van de wet wel of niet gedeeld wordt. Maar het venijn van wetgeving zit hem vaak in de details: klopt de afbakening van mensen die ergens recht hebben of niet? Is de strafmaat veel te hoog of juist veel te laag? Dat soort vragen komt veel te beperkt aan de orde tijdens de wetsbehandeling. En Kamerleden kunnen nauwelijks detailvragen stellen.[10]

Het Reglement van Orde van de Kamer, dat bepaalt hoe procedures werken, voorziet wel in de mogelijkheid[11] om wetten artikelsgewijs te behandelen, bijvoorbeeld in een wetgevingsoverleg. Maar in de praktijk gebeurt dit nooit. Bij grote wetsvoorstellen is het echter wel nuttig om dit te doen. Als dan blijkt dat de Kamer vastloopt, dan is het waarschijnlijk dat de praktijk ook vastloopt. Ook kan de Kamer een wetsvoorstel in twee lezingen behandelen, zoals in buitenlandse parlementen gebeurt. Sommige wetsvoorstellen worden gaande het wetgevingsproces zo verbouwd met nota's van wijzigingen (veranderingen die de regering aanbrengt tijdens het wetgevingsproces) en amendementen (wijzigingen die de Kamer in een wetsvoorstel aanbrengt) dat het zeer zinnig is om na al die wijzigingen de samenhang van het wetsvoorstel opnieuw te bekijken voordat de wet wordt goedgekeurd of weggestemd.

Verder heeft de Kamer de commissie Rijksuitgaven opgeheven. Deze commissie was onder andere belast met de behandeling van aangelegenheden van rechtmatigheid en doelmatigheid van besteding van collectieve middelen. Formeel is die taak nu overgeheveld naar de commissie Financiën. Maar in de praktijk is een aparte commissie die de honderden miljarden die de regering jaarlijks uitgeeft controleert hoognodig.

De snelste manier waarop het parlement zijn macht uit handen geeft is bij de grote omvattende akkoorden. Coalitiefracties keuren hele coalitieakkoorden vaak binnen een paar uur goed en zijn er dan vervolgens vier jaar lang aan gebonden. Fracties zien dan zelfs wel eens hoofdpunten van beleid over het hoofd.[12] Ook bij het klimaatakkoord en het pensioenakkoord laat de Kamer zich voor het blok zetten met een omvangrijk pakket. Bij deze akkoorden moet de Kamer ook echt de consistentie van het pakket en de samenhang kunnen bestuderen en op onderdelen aanpassen of verwerpen.

Bij de kabinetsformatie van 2021 is er een aanvullende reden om een regeerakkoord op hoofdlijnen af te sluiten: de onzekerheden rondom de coronacrisis zijn dusdanig groot dat het simpelweg illusiepolitiek is om de uitgaven in 2025 tot op de komma nauwkeurig vast te leggen.

Een vierde punt voor een beter parlement verdient nadere toelichting. De impact van de Europese afdrachten is relatief beperkt op de totale rijksbegroting. Maar de impact van Europese wetgeving is zeer groot. De Nederlandse regering is medewetgever als lid van de Raad van de Europese Unie terwijl het nationale parlement alleen indirect wetgever is. Voor het parlement is de discussie tussen de Europese ministers moeilijk te volgen, vanwege de vertrouwelijkheid en het gebrek aan transparantie.[13] De Nederlandse regering heeft bijna nooit vetorecht, dus kan zelf niet een voorstel in haar eentje tegenhouden maar moet coalities smeden. En dat proces duurt relatief lang, bijvoorbeeld omdat er na aanname van de wetgeving nog een nationale implementatietijd volgt. Daarom volgen weinig Kamerleden het hele proces van het begin tot het eind. Pas wanneer Nederland de wetgeving moet implementeren, staat de Nederlandse politiek op haar kop, vanwege bijvoorbeeld de stikstofwetgeving, Natura 2000-wetgeving of binnenkort de btw-richtlijn voor e-commerce[14] die op 1 juli 2021 ingaat. Op dit punt heeft het parlement wel een paar instrumenten,[15] maar het is echt nodig dat de Kamer vaker één of twee rapporteurs aanstelt om het hele wetgevingsoverleg te volgen, wanneer een wetsvoorstel potentieel grote impact voor Nederland heeft. Dat betekent dus dat een parlementariër aan het begin van het proces, wanneer er nog gediscussieerd wordt over teksten, al een inschatting moet maken van de potentiële effecten op Nederland. Dat vereist tijd, kennis en specialistische ondersteuning, maar die zijn wel hoognodig. Vooral in een gefragmenteerde Kamer met meer dan tien fracties zullen deze allemaal een keer een beurt moeten nemen in het algemeen belang.

4 Betere rechtsbescherming, vooral bij bestuursrecht

De getroffen ouders in de toeslagenaffaire hadden procedureel geen schijn van kans: hun werd niet verteld welke stukken ze moesten inleveren om aan te tonen dat zij recht hadden op de toeslag. Bezwaren werden vaak pas na achttien maanden behandeld. En volgens de wet hadden de toeslagen niet eens vooraf stopgezet mogen worden. Toch vingen ze bot bij de Afdeling Bestuursrechtspraak van de Raad van State, de hoogste bestuursrechter, die juist bescherming moet bieden tegen overheidshandelen. Het bestuursrecht is een steile klim geworden voor de eenzame burger die zonder veel bijstand de hele weg tegen de machtige overheid met diepe zakken moet procederen.

Al in maart 2019 nam de Kamer met algemene stemmen mijn motie[16] aan voor een advies over de praktische rechtsbescherming voor burgers en kleine bedrijven bij de Belastingdienst. De regering zag aanvankelijk het probleem niet zo. Pas na veel getouwtrek kwam er een jaar later een commissie.[17] Het advies van deze commissie is nu bijna klaar.

Naar aanleiding van het rapport van de commissie-Van Dam uit december 2020 hebben we ook om een advies gevraagd bij de gezaghebbende Venetiëcommissie. Dat advies zal gaan over de bescherming van burgers in het bestuursrecht en tevens over de vraag of er genoeg macht en tegenmacht is in Nederland. De Afdeling Bestuursrechtspraak van de Raad van State is formeel een onderafdeling van de Raad van State, het belangrijkste adviesorgaan van de regering. Er zijn veel oud-ministers en -staatssecretarissen lid van. De vraag kan gesteld worden in hoeverre de Afdeling zich onafhankelijk genoeg opstelt ten opzichte van de uitvoerende overheid. In de kinderopvangtoeslagzaken is hiervan niet of te weinig gebleken.

Het is evident dat de bescherming van burgers en kleine ondernemingen zwaar tekortschiet op dit moment. Hoewel ik wel een aantal ideeën heb om die bescherming te verbeteren, lijkt het me verstandig om eerst de genoemde twee adviezen af te wachten alvorens we bepalen hoe we de hiaten aanpakken. Anders hadden we deze adviezen immers niet hoeven vragen. Bovendien past als lid van de Tweede Kamer ook enige prudentie bij veranderingen die de rechterlijke macht raken. De uitkomst zal echter duidelijk moeten zijn: de bestuursrechter dient onafhankelijk en onpartijdig te zijn ten opzichte van zowel de overheid als de burger. Hij dient robuust te zijn tegenover een overheid die stukken achterhoudt en moet als een stootkussen kunnen fungeren. De essentie is dat er niet alleen in theorie toegang is tot de rechter, maar dat er ook in de praktijk effectieve toegang is.

5 Een professionele en benaderbare ambtelijke dienst

De Nederlandse ambtelijke dienst is professioneel en bestaat uit toegewijde mensen. Een aantal mechanismes leidt er echter toe dat wanneer er iets misgaat, het niet gemakkelijk weer wordt rechtgezet. Dat komt onder andere door slechte wetgeving, rigide uitvoering of te veel reorganisaties, die vaak leiden tot langdurige onzekerheid. Hier ligt een belangrijke opgave voor de politieke aansturing, maar er is ook een aantal aanvullende maatregelen nodig. Zo dient de algemene bestuursdienst, waarin de topambtenaren zitten, te leiden tot veel minder rotatie van topambtenaren tussen departementen, zonder deze natuurlijk onmogelijk te maken. Daarnaast dienen misstanden gemakkelijker aan het licht te komen. Dat kan door betere bescherming van klokkenluiders. Deze is aan precieze regels gebonden en de Raad van Europa heeft daarvoor een goed voorstel[18] gedaan, dat wij in Nederland moeten doorvoeren. Deze bescherming geldt overigens niet alleen voor ambtenaren maar ook voor gewone werknemers (inclusief mensen die als uitzendkracht werken of op andere wijze worden ingehuurd). Dit vraagt echter wel om een cultuuromslag binnen organisaties waarbij het normaler wordt om kritiek over bijvoorbeeld handelen in strijd met de wet serieus te nemen, zodat de problemen intern kunnen worden opgelost en mensen niet langer als klokkenluider naar buiten hoeven te treden maar intern reeds een luisterend oor krijgen.

Tot slot is het van belang dat ambtelijke diensten gemakkelijker benaderbaar zijn. Veel websites van de overheid bevatten goed leesbare teksten, maar brieven van de Belastingdienst of andere instanties zijn zelden opgesteld in begrijpelijke taal. Die kunnen echt nog een stuk eenvoudiger, en ook dient op elke brief een naam met telefoonnummer of e-mailadres te staan van de behandelend ambtenaar. Het is een relatief eenvoudige maatregel en de overheid krijgt op deze manier weer een gezicht. De voorbeelden waarbij mensen nu verdwalen in doolhoven waar ze niemand te spreken krijgen die hun probleem kan oplossen, zijn talrijk.

6 Beter extern toezicht en externe onderzoeken

Signalen van problemen dienen natuurlijk allereerst binnen de overheid zelf herkend, opgepakt en opgelost te worden. Het liefst op een normale manier, maar eventueel ook via een klokkenluidersregeling. Maar naast intern toezicht is er natuurlijk ook bij de overheid extern toezicht. Dat toezicht valt echter vaak onder dezelfde minister, die ook verantwoordelijk is voor de dienst of het ministerie waarop toezicht wordt gehouden.

Het is daarom van groot belang dat de onafhankelijkheid van die toezichthouders bij wet vastgelegd wordt, zodat de toezichthouders hun eigen begroting hebben en moeilijk onder druk gezet kunnen worden. De taken van een toezichthouder dienen ook rechtstreeks uit de wet te volgen en het parlement moet de toezichthouder kunnen horen[19] zonder toestemming van de minister. De onafhankelijkheid is nu vaak niet goed genoeg geborgd.

Het Nederlandse parlement heeft zelf geen onderzoeksdienst.[20] Dat betekent in de praktijk vaak dat de regering bij misstanden verzocht wordt haar eigen handelen extern te laten onderzoeken. Dit zijn politiek gevoelige onderzoeken en als er forse misstanden zijn, heeft de regering de natuurlijke neiging om de onderzoeksvraag zo te stellen dat een deel van de problemen niet boven water komt. En we hebben gezien dat de onderzoekers niet zomaar openbaar verantwoording willen afleggen. Daarom moeten er nieuwe, afdwingbare regels hiervoor komen, waardoor de regering bijvoorbeeld niet meer zelf de onderzoeksvraag kan bepalen, wanneer haar eigen handelen onderwerp van onderzoek is. Daartoe wordt nu op verzoek van de Kamer een voorstel[21] ontwikkeld. Verder komt er een speciale belastingombudsman.

7 Een levendig en onafhankelijk maatschappelijk middenveld

Het maatschappelijk middenveld was oorspronkelijk goed geworteld als het geheel van groepen burgers die zich los van de staat organiseerden. Zo zijn in Nederland scholen, ziekenhuizen, woningbouwverenigingen, sportverenigingen, voetbalclubs en zelfs universiteiten onafhankelijk van de staat opgericht. Deze wortels zijn inmiddels verdwenen en in veel gevallen vervangen door een subsidierelatie met de overheid, die leidt tot afhankelijkheid. Het maatschappelijk middenveld is kortom te veel vervlochten geraakt met de overheid. Het zou daarom goed zijn als bijvoorbeeld woningbouwcorporaties en verpleeghuizen weer zoveel mogelijk zelfstandige verenigingen worden, waarvan mensen lid kunnen zijn. Dan zijn de leden de baas en dat is een stuk effectiever dan inspraak die genegeerd wordt door bestuurders of een anonieme stichting. De leden nemen dan feitelijk de positie van de professionele toezichthouders weer over.

Het mooist zou zijn als een aantal organisaties er bewust voor kiest om geen subsidie meer te verwerven. Dat betekent dan wel dat er relatief royale fiscale vrijstellingen moeten blijven voor goede doelen. Om dat in stand te houden dient er beter toezicht te komen op goede doelen (ANBI's), bijvoorbeeld door een *charity board* zoals in het Verenigd Koninkrijk. Giften uit onvrije landen moeten verboden worden. En goede doelen die tegen de Grondwet ingaan, verliezen natuurlijk onmiddellijk hun status als zijnde een goed doel. Een levendig en onafhankelijk middenveld creëren is waarschijnlijk het moeilijkste stuk van het nieuwe sociale contract, omdat burgers echt tegenspraak kunnen bieden. De overheid komt gauw weer in de verleiding om het maatschappelijk middenveld te subsidiëren en zodanig mee te laten draaien dat het bijna weer onderdeel wordt van de overheid in plaats van een onderdeel van de samenleving te blijven.

De vrije, onafhankelijke pers speelt eveneens een bijzondere en cruciale rol in de democratie. De pers is een waakhond voor misstanden en controleert dus ook politici. De politiek gaat niet over de pers. Maar het is onwenselijk dat een groot deel van de Nederlandse journalistiek in buitenlandse handen is, zoals bijna alle kranten in Nederland. Neigingen om de pers te subsidiëren dienen onderdrukt te worden, omdat zij dan afhankelijk wordt van de regering die zij zou moeten controleren. Maar in een tijd van teruglopende abonnementen is het wel een zorg dat die onafhankelijke nationale pers het zo lastig heeft.

8 Serieus nemen van de grondwettelijke taken: onderwijs, volkshuisvesting, bestaansminimum

De Grondwet bevat ook taken die niet afgedwongen kunnen worden via een constitutioneel hof, zoals deze drie voorbeelden:

> Artikel 20 1. De bestaanszekerheid der bevolking en spreiding van welvaart zijn voorwerp van zorg der overheid.
> Artikel 22 2. Bevordering van voldoende woongelegenheid is voorwerp van zorg der overheid.
> Artikel 23 1. Het onderwijs is een voorwerp van de aanhoudende zorg der regering.

We moeten deze taken echt serieus nemen als de kerntaken van de overheid. Ze staan immers niet voor niets in de Grondwet. Wat Artikel 20 betreft, betekent het bijvoorbeeld dat wij heel helder moeten definiëren wat het sociaal minimum is voor verschillende huishoudsamenstellingen en dat we dat vervolgens ook als uitgangspunt nemen. Niet op basis van modellen maar op basis van wat mensen echt nodig hebben. Dit zouden we elke twee jaar moeten doen. Het opnieuw geijkte sociale minimum is dan ook het uitgangspunt voor bijvoorbeeld uitkeringen en het betalen van belastingen.

Het bevorderen van voldoende woongelegenheid (Artikel 21) is de afgelopen jaren onvoldoende gedaan. We hebben nu een tekort van 331.000 woningen. Het gevolg hiervan is dat mensen in vakantiehuisjes wonen, dat jongeren lang thuis blijven wonen, dat starters geconfronteerd worden met onbetaalbare woningen en dat er lange wachtlijsten zijn voor sociale huurwoningen. Het bouwen van extra woningen dient een topprioriteit te zijn, zoals dat ook het geval was in de wederopbouwperiode. We hebben 1 miljoen woningen nodig de komende tien jaar en daarop zullen we moeten sturen.

Wat de zorg voor onderwijs betreft (Artikel 23) moeten we vaststellen dat de prestaties van 15-jarigen in het leesonderwijs hard zijn gedaald. In 2003 deed Nederland het nog goed in de internationale Pisa-vergelijking. Slechts 11 procent van de 15-jarigen liep toen het risico op laaggeletterdheid. Dat is inmiddels meer dan verdubbeld naar 24 procent in 2018. Je kunt geen kennissamenleving zijn als zo'n groot deel van de jeugd moeite heeft met lezen. De onderwijsachterstanden die in de coronatijd ontstaat zijn, maken de uitdaging alleen maar groter.

Het is van groot belang dat deze drie kerntaken van de overheid veel centraler komen te staan in de politiek en niet slechts vrome wensen blijven in de Grondwet.

9 Minder planbureaus, minder modellen, meer mensen, meer denktanks

We hebben gezien hoe ingewikkeld de belastingen in Nederland geworden zijn als gevolg van de modellen waarmee gewerkt wordt. Hoe meer extra prikkels, hoe beter de uitkomst, tenminste in het model. En of meer prikkels nodig zijn, wordt bepaald aan de hand van die modellen en niet aan de hand van de realiteit. De Rekenkamer geeft namelijk aan dat de regering eigenlijk nooit onderzoek doet naar de bijna 100 miljard euro belastingfaciliteiten die in Nederland bestaan. De prikkels zijn enorm, maar het effect wordt niet gemeten.[22]

Meer dan zevenhonderd voorlichters verkopen het beleid. Begrijp me niet verkeerd: een ministerie heeft voorlichters nodig en in een pandemie is publieksvoorlichting een zeer belangrijke functie. Maar het gegeven dat minder dan honderd mensen bij de Wetenschappelijke Raad voor het Regeringsbeleid en de adviesraden werken (inclusief overigens een enkele voorlichter) laat zien hoe ver dit uit balans is. Er is ook geen adviesraad voor belastingen en uitkeringen. Terwijl juist in het gecompliceerde samenspel enorme problemen zitten, die veel kennis, studie en tijd kosten. We hebben daarom in Nederland een aantal zaken nodig:

- Meer denktankcapaciteit, juist ook bij de overheid zelf over het vastgelopen belastingstelsel en ook de rechtsstaat. Op deze beide terreinen helpt het niet om nog een prikkel tegen het licht te houden of om te kijken aan welke knop er dit jaar gedraaid kan worden. Het is noodzakelijk om het hele systeem te doorgronden en tegen het licht te houden.

Het aantal voorlichters daarentegen is de afgelopen jaren te hard opgelopen.
- De overheid gebruikt alleen open modellen, en maakt ruimte voor discussie over de modellen en hun uitkomsten.
- De Algemene Rekenkamer bekijkt achteraf hoe duur de maatschappelijke kosten werkelijk zijn van bijvoorbeeld de maatregelen uit het klimaatakkoord, en stelt daarvoor ook de definities vast.

Het zal dus niet meer mogelijk zijn om vrijelijk eigen definities en eigen niet-transparante modellen te bedenken met betrekking tot maatregelen. Soms denk ik wel eens dat als je het beleid echt wilt bepalen, je de definities en de modellen moet maken en niet de wetten.

10 Openheid over informatie en een goede informatiehuishouding

Het lijkt zo simpel, maar de informatie bij de Rijksoverheid is al lange tijd niet op orde. De Belastingdienst kon de dossiers van burgers niet samenstellen en was niet in staat de Kamer goed te informeren. Daar kwam bij dat lange tijd niemand in de top van de Belastingdienst in leek te zien hoe een combinatie van maatregelen desastreus uitpakte.

Als je informatiesystemen en archieven niet op orde zijn, neem je dus foute besluiten, kun je burgers niet helpen en komen sommige burgers of bedrijven helemaal klem te zitten. Het is toch vreemd dat de minister-president zorgt dat er nauwelijks gespreksverslagen zijn van zijn bijeenkomsten waarin over miljarden besloten wordt, in een land waar de thuiszorg een minutenregistratie bijhoudt van elk contact met cliënten en waar de leraar op de basisschool uitgebreide leerlingvolgsystemen moet invullen. Dit is de wereld op zijn kop en een manier om niet controleerbaar te (willen) zijn.

De regering gaat een regeringscommissaris hiervoor aanstellen. Dat is een eerste stap, maar er is meer nodig: de regeringscommissaris moet ook standaarden opstellen voor welke verslagen opgesteld moeten worden en welke stukken bewaard moeten worden. En de Inspectie Overheidsinformatie en Erfgoed moet archieven controleren en boetes opleggen als de informatiesystemen en archieven niet aan wettelijke eisen voldoen.

Een verandering van mentaliteit

Wat Thomas van Aquino scherp zag, is dat een rechtvaardige samenleving niet kan berusten op wetten, regels en procedures alleen. Deze vraagt ook om een bepaalde houding van de betrokkenen, een 'standvastige en bestendige wil' om te doen wat goed is, zonder calculatie of eigenbelang. Thomas' medebroeder en leerling Meister Eckhart (1260-1328) duidde deze houding aan met het woord 'innerlijkheid', omdat deze alleen van binnenuit kan komen.

Fundamentele veranderingen komen niet voort uit de werking van de wet, maar uit innerlijkheid – uit de geest van de wet. Het is de geest van de wet, van de regering, van de samenleving in haar geheel, die moet veranderen. Dat vergt een zelfbewuste houding van de overheid én van burgers zelf – een geest van transparantie, een geest van openstaan voor kritiek, een geest die de grenzen van macht en de waarde van tegenspraak kent en respecteert. Het vraagt om politici die niet uit ijdelheid, uit machtsbehoud, uit routine in de frontlinie staan, maar uit dienstbaarheid, om maatschappelijke belangen te dienen. Politiek hoort waardegedreven te zijn. Inzicht in de complexiteit van het maatschappelijk leven, een visie waar het heen moet, het vermogen daarin mensen mee te nemen (dat is geen marketing en *Selbstdarstellung*), open te staan voor visies van anderen, de wil deze te toetsen op hun meerwaarde en in kritiek ook advies te zien, het hoort bij de politiek als roeping.

Werkelijke verandering vergt een inspanning van ons allemaal: van het kabinet, van ambtenaren, van de pers en van het parlement maar ook, en niet in de laatste plaats, ligt er een belangrijke taak voor ons allemaal, als burger. We kunnen niet van de overheid verwachten dat zij zich vrijwillig onderwerpt aan controle als elke fout door een ambtenaar ongenadig hard wordt afgestraft. Iedereen maakt fouten. We moeten, als burgers, daarbij een zekere mildheid tonen, zodat we kunnen zorgen dat fouten snel en effectief worden hersteld en er geen publieke angstcultuur gaat leven.

Laten we van de huidige crisissituatie gebruikmaken om een nieuw sociaal contract te sluiten. Zo kunnen we voorkomen dat overheidsdiensten volledig ontsporen. Zo kunnen we ervoor zorgen dat er rechtsbescherming is voor iedereen. Zo komt er een dienende overheid die er is voor de burgers van dit land, en niet andersom. Laten wij daar vandaag nog mee beginnen.

Epiloog

> Hoe moeten wij de toekomst dan tegemoet gaan? Wanneer een zeeman op volle zee is, wanneer alles om hem heen verandert, wanneer golven geboren worden en weer sterven, dan richt hij zijn blik niet omlaag naar die golven, want die veranderen. Hij kijkt omhoog naar de sterren. En waarom? Omdat die betrouwbaar zijn. Zoals ze er nu staan stonden ze er voor onze voorvaders en zo zullen ze er staan voor de komende geslachten. Waarmee overwint hij dus het veranderlijke? Met het eeuwige.

De Deense denker Søren Kierkegaard (1813-1855) schreef deze passage in een van zijn *Opbouwende toespraken.*[23] Wat hij hierin aanraadt – omhoogkijken naar de sterren – is precies het tegenovergestelde van wat we doen in Den Haag: we kijken naar beneden, naar het grote gewoel en de heftige golven. We proberen de volgende golf te voorspellen, zodat we zó kunnen sturen dat de boot net geen water maakt. De boot blijft drijven, we houden ons hoofd boven water (en soms ook niet), maar ondertussen verliezen we onze bestemming uit het zicht. Sterker nog: er zijn genoeg terreinen waarop we eigenlijk al heel lang geen bestemming meer hebben. We dobberen wat op de golven omdat we denken dat we al zijn aangekomen in de haven.

Maar we liggen niet in de haven. Nederland is niet af. Sterker nog: we bevinden ons in een paar uitzonderlijke stormen tegelijk die we het hoofd moeten bieden: de coronacrisis, de noden van de Nederlandse samenleving, de problemen rond de Europese samenwerking en de problemen in onze rechtsstaat.

De huidige politiek-bestuurlijke mechanismen in Nederland om crises het hoofd te bieden, schieten tekort omdat ons systeem is ingericht op een briesje, op windkracht 3. Niet op de stevige stormen die nu over ons land en door onze samenleving razen.

We denken corona te kunnen verslaan door zo veel mogelijk debatten over corona in de Kamer te houden, soms wel twee volle dagen per week met de bewindspersonen die verantwoording moeten afleggen, en zo polderen we onszelf naar een oplossing toe. We zullen hier over een tijd waarschijnlijk met verbazing en wellicht schaamte op terugkijken.

Hetzelfde geldt voor Europa: we denken de Europese samenwerking in betere banen te leiden door blijvend te onderhandelen over betere regels, terwijl de oude regels niet nagekomen worden.

Wat we nu nodig hebben is het gedeelde besef dat onze rechtsstaat met een groot probleem kampt, namelijk dat burgers hun recht niet kunnen halen ten opzichte van de overheid. Vervolgens hebben we visie en plannen nodig om de problematiek aan te pakken, in het volle besef dat er geen magische wet of toverstok is die alle problemen oplost, geen tweet of oneliner waarmee je je politieke tegenstander in de hoek zet en zelf als overwinnaar die magische oplossing kunt doorvoeren.

Voor het taaie probleem van de geërodeerde rechtsstaat heb ik een aantal concrete voorstellen gedaan: een Grondwettelijk hof, een nieuw kiesstelsel en een betere manier van wetten maken in de Tweede Kamer. Op andere terreinen moeten we nog bepalen hoe we zaken fundamenteel kunnen verbeteren. Dan denk ik vooral aan het bestuursrecht, dat duidelijk niet gefunctioneerd heeft. Dat ik geen perfect afgerond, pasklaar plan presenteer, is niet zozeer uit verlegenheid maar uit het besef dat overhaaste en niet doordachte hervormingen een zwak systeem nog verder kunnen verzwakken in plaats van herstellen.

Maar de visie en richting en basisplannen zijn er en bieden houvast voor het herstellen van het onderlinge vertrouwen en van de rechtsstaat: meer openheid, betere informatie en meer denktanks. En natuurlijk minder voorlichters. Je kunt een regering alleen controleren en problemen oplossen als er voldoende transparantie is. Die is er de afgelopen jaren niet geweest. Het verbergen van documenten, het niet leveren van informatie – het levert een hoop mist op. Die mist moet weggenomen worden. Want in die mist is het navigeren naar een doel gewoon heel moeilijk.

Langzaam zetten we wat nieuwe doelen aan de horizon, wat nieuwe sterren aan het firmament. Dat levert voorzichtig een nieuwe koers op waarop we kunnen varen. Wanneer dat doel duidelijker is en gedeeld wordt, dan wordt de reis een stuk prettiger.

We kijken niet alleen naar de wilde en hoge golven maar houden onze visie, ons doel in zicht. Dat doel ligt op een aantal terreinen wel een stukje verder dan we tot voor kort dachten, maar als we koers houden en naar de horizon en de hemel kijken in plaats van naar de golven, komen we er vanzelf dichterbij.

Woord van dank

Dit boek had ik nooit alleen kunnen schrijven. Allereerst wil ik Welmoed Vlieger bedanken voor het meedenken, meelezen en meeschrijven. En voor het aanbrengen van een beetje structuur in mijn zelfgeschapen chaos.

Een aantal ouders, dat duidelijk valt in de categorie mensen die grote persoonlijke schade ondervonden, wil ik bedanken voor de gesprekken en de openhartige verhalen die zij geschreven hebben. Daarvan heb ik er een paar gebruikt als citaat in dit boek. Vooral hun energie en kracht om toch door te gaan maakten grote indruk.

Een aantal mensen heeft een of meerdere hoofdstukken meegelezen en zeer waardevolle feedback gegeven. Daarvoor wil ik Quinten Pluymaekers, Dirk-Jan Omtzigt, Wim Voermans, Pia Lokin-Sassen, Marnix Leijten, Ayfer Koç, Jitske Haagsma, Raymond Knops, Pieter Klein en Eva González Pérez hartelijk bedanken. In mijn koppigheid heb ik met veel suggesties mijn voordeel gedaan en een paar suggesties voor eigen risico genegeerd.

Bij illustraties en berekeningen hebben Henk Bluemink,

Rosalinde Kranenburg en Jasper Fruitema waardevolle input geleverd. Rachel Imamkhan was zeer openhartig tijdens een gesprek over de gevolgen van subsidie van de overheid. Ik heb meerdere mensen gesproken die haar beeld bevestigden, maar die wilden geen van allen hierover onder hun eigen naam vertellen.

Bart Elshof en Luc Rullens hebben op het kantoor in de Tweede Kamer zeer waardevolle ondersteuning geleverd en ervoor gezorgd dat ik dit er allemaal nog net bij kon doen. Sophie Verhappen van Prometheus verloor ook nooit haar geduld wanneer ik weer eens een vertraging meldde vanwege een gevallen kabinet of andere redenen.

En last but not least: dit had ik nooit kunnen doen zonder de enorme steun en het geduld van Ayfer, Celine, Sophie, Noa en Isabelle.

Noten

Deel I – Over Pieter Omtzigt

1. Omtzigt, P., *Essays on Cointegration Analysis*, European University Institute, Florence, 2003.
2. Van der Velden, S. en De Kruif, F., *Pensioenmiljoenen. De strijd om het pensioengeld van de havens*, Uitgeverij WBooks, 2014.
3. P.H. Omtzigt, M.K. Tozman, A. Tyndall (eds.), *The Slow Disappearance of the Syriacs from Turkey and of the Grounds of the Mor Gabriel Monastery*, 2012.
4. Parliamentary Assembly integrity. Written declaration No. 624 of the Parliamentary Assembly of the Council of Europe.
5. Parliamentary Assembly of the Council of Europe, The Independent Investigation Body on the allegations of corruption within the Parliamentary Assembly, april 2018.
6. Parliamentary Assembly of the Council of Europe, Daphne Caruana Galizia's assassination and the rule of law in Malta and beyond: ensuring that the whole truth emerges, juni 2019.
7. 'Keeping political and criminal responsibility separate', Report 13214 (28 May 2013) and Resolution 1950 of the parliamentary assembly of the Council of Europe.

Deel II – Europa

1. Fukuyama, F., 'The end of History?', in: *The National Interest*, 1989. Enkele jaren later werkte Fukuyama zijn essay om tot een omvangrijk

boek: *The End of History and the Last Man*, Free Press, 1992.

2 Het citaat is afkomstig uit de diesrede van E.M. Meijers, uitgesproken op 8 februari 1927, getiteld 'De betekenis der burgerlijke wet in de huidige samenleving': 'De rechtswetenschap is in één opzicht de mindere van haar zusterwetenschappen. Zij kan niet met volle kracht naar de toekomst streven, hoewel zij de toekomst dienen wil. [...] Maar de rechtswetenschap blijft dit op de andere wetenschappen voor hebben, dat zij zich bezig houdt met datgene, wat de mens in zijn hogere aspiraties het naaste staat: de gerechtigheid. De onvolkomenheid van zijn kennis mag de jurist niet ontmoedigen; zij doet slechts het echt menselijke karakter van zijn wetenschap duidelijker uitkomen. En ook in dat onvolkomene voelt een goed jurist door alles heen de goddelijke vlam der gerechtigheid. Wie niet een vonk van die vlam in zichzelf draagt, die kan misschien een kundig wetskenner, een geducht praktizijn worden, maar nooit een waarachtig dienaar van het recht.'

3 De hiernavolgende tekst is een bewerking van de Cleveringa-lezing die ik heb uitgesproken op 26 november 2020.

4 Churchill, University of Zurich, 19 september 1946.

5 Churchill, University of Zurich, 19 september 1946.

6 'Any Member of the Council of Europe which has seriously violated Article 3 may be suspended from its rights of representation and requested by the Committee of Ministers to withdraw under Article 7. If such Member does not comply with this request, the Committee may decide that it has ceased to be a Member of the Council as from such date as the Committee may determine.'

7 H. Drion: 'Levensbericht R.P. Cleveringa', in Jaarboek Koninklijke Nederlandse Akademie van Wetenschappen, 1981-1982, Amsterdam, pp. 188-194.

8 Langemeijer geciteerd in H. Drion: 'Levensbericht R.P. Cleveringa', in Jaarboek Koninklijke Nederlandse Akademie van Wetenschappen, 1981-1982, Amsterdam, pp. 188-194.

Deel III – Hoe modellen Nederland bepalen

1 Jaarverslag WRR 2014: de formatieve omvang bedroeg 32,8 FTE. Latere jaarverslagen zijn niet vindbaar op de site. Navraag leert dat er nu 41 mensen werkzaam zijn, inclusief stagiairs.

2 Op 1 januari 2021 staan er 120 medewerkers en vijf stagiairs op de website van het CPB.

3 https://www.rtlnieuws.nl/nieuws/politiek/artikel/4625741/aantal-com

municatiemedewerkers-fors-gegroeid-onder-rutte-iii.

4 Bron: https://www.rijksoverheid.nl/binaries/rijksoverheid/documenten/kamerstukken/2020/09/15/kamerbrief-koopkracht/Kamerbrief+toelichting+koopkrachtontwikkeling+2021+%28TK%29.pdf.

5 Het marginale belastingtarief is hoeveel je betaalt van elke volgende euro die je verdient. Een marginaal tarief van 60 procent betekent dat als je een euro extra verdient, je daarvan 40 cent zelf houdt en 60 cent als belasting betaalt.

6 Er was wel een vangnetregeling voor mensen wier inkomen fors gedaald was in vergelijking met anderhalf jaar eerder. Die was ingewikkeld maar was slechts op een beperkte groep mensen van toepassing, zoals mensen die recentelijk werkloos geworden waren.

7 SER (1966), Advies Inzake de Regeling van het minimuminkomen, no. 3, p. 6. Het kostwinnersaspect ('hij en zijn gezin') in deze zin wordt zeer selectief weggelaten in het PvdA-wetsontwerp over het minimumloon uit 2020, Kamerstuk 35335, nr. 6.

8 *Kamerstukken II* 2020/21, 32140, nr. 78.

9 Voor meer voorbeelden, zie het onderzoek dat het CPB op ons verzoek in 2015 uitvoerde: CPB-notitie van 23 oktober 2015: doorrekening standaardkoopkracht voorbeeldhuishoudens.

10 NOS, 29 maart 2020: RIVM somberder dan vorige week: zorgen om ic-capaciteit, wel positief over Brabant, https://nos.nl/artikel/2328747-rivm-somberder-dan-vorige-week-zorgen-om-ic-capaciteit-wel-positief-over-brabant.html.

11 *Aanhangsel Handelingen II*, 2018/19, nr. 1335.

12 CPB-notitie van 14 januari 2004, 'Arbeidsmigratie uit de Midden- en Oost-Europese toetredingslanden'.

13 Zie bijvoorbeeld: brief van de ARK aan de Tweede Kamer, 26 juni 2019, Fiscale stimulering van elektrische auto's.

Deel IV – Het toeslagenschandaal

1 De Wet op de kinderopvang (Wko) (2005) werd in juni 2002 door de demissionaire paarse regering, na de verkiezingen, ingediend. Hij werd uiteindelijk door Balkenende II verdedigd, en aangenomen met de meerderheid uit Balkenende I. Er is enorm veel gewijzigd en geamendeerd, hetgeen de consistentie van de wet niet altijd ten goede is gekomen.

2 Zie: 'Toeslagen: lessen uit 15 jaar onderzoek Algemene Rekenkamer', brief van Arno Visser, president van de Rekenkamer, aan de Staten-Ge-

neraal, 13 februari 2020 voor een indrukwekkende lijst waarschuwingen.

3 'Toeslagen terugbetalen', rapport van de Algemene Rekenkamer, juni 2019.

4 Zie: 'Beloofde reactie op ons rapport Toeslagen terugbetalen ontbreekt in kabinetsreactie op IBO Toeslagen', brief van de president van de Rekenkamer aan de staatssecretaris van Financiën – toeslagen en douane, 30 juni 2020.

5 De landsadvocaat is een zelfstandig advocaat die de Staat der Nederlanden en dus de Nederlandse regering bijstaat in juridische procedures.

6 *Kamerstukken II* 2020/21, nr. 46, bijlage bij vraag 124.

7 *Aanhangsel Handelingen II* 2019/20, nr. 62.

8 Artikel 7:10, lid 1, Awb.

9 *Kamerstukken II* 2019/20, 31066, nr. 550.

10 *Kamerstukken II* 2020/21, 35510, nr. 46.

11 *Kamerstukken II* 2020/21, 35510, nr. 46.

12 *Kamerstukken II* 2020/21, 35510, nr. 46.

13 *Kamerstukken II* 2020/21, 31066, nr. 715, antwoorden op vraag 83 en 84, *Kamerstukken II*, 2020/21, 31066, nr. 739 en *Kamerstukken II*, 2020/21, 31066, nr. 754.

14 *Kamerstukken II*, 2020/21, 30166, nr. 739 en bijlage bij dat Kamerstuk.

15 *Kamerstukken II*, 2018/19, 31066, nr. 503.

16 *Kamerstukken II*, 2020/21, 31066, nr. 734, bijlage.

17 'Onervaren topambtenaren zijn funest voor kwaliteit', *NRC*, 20 februari 2020, https://www.nrc.nl/nieuws/2020/02/20/ooit-machtige-topambtenaren-zijn-nu-passanten-a3991207.

18 *Kamerstukken II*, 2019/20, 35450, nr. 7.

19 *Kamerstukken II*, 2020/21, 31066, nr. 731 en de bijlage etc. 'Toezicht als tegenkracht, naar een inspectie op de domeinen belastingen, toeslagen en douane', Advies op verzoek van de staatssecretarissen van Financiën, Prof. dr. Judith van Erp, Mr. Jan van den Bos en Prof. dr. Sigrid Hemels. Penvoerder: dr. Meike Bokhorst, 1 oktober 2020.

20 *Kamerstukken II*, 2019/20, 31066, nr. 626, bijlage.

21 'Iedereen moet mee kunnen doen', jaarverslag van de nationale ombudsman over 2018, april 2019.

22 Zie ook de nota 'Open de oester. Nota over openbaar bestuur', *Kamerstukken II* 2004/05, 30 214, nr. 1 en Rijksarchiefinspectie, *Een dementerende overheid? De risico's van digitaal beheer van verantwoordingsinformatie bij de centrale overheid*, Den Haag 2005.

23 Arno Visser, 'Er is te veel, niet te weinig informatie', *Elsevier Weekblad*, 9 januari 2021.

24 *Kamerstukken II*, 2019/20, 35302, nr. 21.

25 In het regeerakkoord van Balkenende I (2002) stond dat voornemen al maar dat is toen niet uitgevoerd.

26 *Kamerstukken II*, 2010/11, 31322, nr. 106.

27 *Kamerstukken II*, 2010/11, 31322, nr. 116.

28 *Kamerstukken II*, 2015/16, 31322, nr. 296.

29 'Geen powerplay, maar fair play', rapport 2017/095 van de nationale ombudsman.

30 *Kamerstukken II*, 2019/20, 31066, nr. 596. Slechts in vijf van de meer dan driehonderd gevallen leidt dit tot herziening. Later zullen bijna alle ouders in CAF 11 een schadevergoeding krijgen.

31 *Kamerstukken II*, 2019/20, 31066, nr. 596.

32 *Kamerstukken II*, 2020/21, 35510, nr. 46, bijlage bij vraag 15.

33 Uitspraak: ECLI:NL:RVS:2017:589.

34 Uitspraak: ECLI:NL:RVS:2019:3536.

35 Zie Leonard Besselink, *Hoogste rechter, hoogste onrecht. Over de rechter en de wet in de toeslagenaffaire*, 8 januari 2021. Gepubliceerd op Rechtsstaat.nl. https://m.nederlandrechtsstaat.nl/forum/id330/08-01-2021/hoogste-rechter-hoogste-onrecht-over-de-rechter-en-de-wet-in-de-toeslagenaffaire.html.

36 Ongekend Onrecht, Kamerstuk 35510, nr. 2, pp. 7-8.

37 Ongekend Onrecht, Kamerstuk 35510, nr. 2, pagina 132.

38 Raad van State onderzoekt eigen uitspraken na toeslagenaffaire: 'Het had anders gekund', *Trouw*, 9 januari 2021.

39 Raad van State onderzoekt eigen uitspraken na toeslagenaffaire: 'Het had anders gekund', *Trouw*, 9 januari 2021.

40 Advies over de Wet nieuw financieringsstelsel kinderopvang van 17 maart 2017, *Staatscourant* 2018, nr. 50013.

41 Aanhangsel bij de handelingen 2020-2021, nr. 1366, antwoord 2.

42 'Toeslagenaffaire. Commissie-Donner trok conclusies in strijd met eigen onderzoek', Follow the Money, 24 december 2020.

43 'Subsidie voor kinderopvang moet naar ouders', *de Volkskrant*, 1 november 2000.

44 Denk hierbij aan het vermogen van een pleegkind. Dat telt niet mee voor de vermogenstoets. Of ontvangen smartengeld.

45 Echt nodig was een hardheidsclausule niet, want de beginselen van behoorlijk bestuur vormen al een soort van algemene hardheidsclausuletoetsing, waaraan zowel de Belastingdienst als de bestuursrechter zich dient te houden.

46 Wet aanpak fraude toeslagen en fiscaliteit, *Kamerstukken II*, 2013/14, 33754.

47 *Kamerstukken II*, 2013/14, 33754, nr. 10, 11 en 12.

48 *Kamerstukken II*, 2015/16, 30982, nr. 27.

49 *Kamerstukken II*, 2001/02, 28362, nr. 2.

50 *Aanhangsel Handelingen II*, 2016/2017, 2720.

51 De Auditdienst Rijk (ADR) is de interne auditor van de Rijksoverheid en de Audit Autoriteit in Nederland voor de Europese Commissie. De ADR maakt onderdeel uit van het ministerie van Financiën.

52 *Kamerstukken II*, 2019/20, 35302, nr. 21.

53 *Kamerstukken II*, 2019/20, 31066, nr. 629, bijlage.

54 *Kamerstukken II*, 2019/20, 31066, nr. 639, bijlage.

55 *Kamerstukken II*, 2020/21, 31066, nr. 717, bijlage.

56 *Aanhangsel Handelingen II*, 2020/2021, nr. 1363.

57 *Kamerstukken II*, 2019/20, 28362, nr. 23.

58 Bovend'Eert, P., Kummeling, H., Munneke, S. & Voermans, W. (2020, Jan 20), factsheet Reikwijdte van artikel 68 Grondwet.

59 *Kamerstukken II*, 2019/20, 28362, nr. 25 en 26.

60 *Kamerstukken II*, 2019/20, 35300, nr. 78, bijlage.

61 *Kamerstukken II*, 2020/21, 35570, nr. 47, bijlage.

62 ECLI:NL:RBMNE:2020:5668.

63 Brief van staatssecretaris Van Huffelen aan de Tweede Kamer van 1 februari over de Vijfde Voortgangsrapportage Kinderopvangtoeslag (Kamerstuk nog niet bekend).

64 Zie bijvoorbeeld *Aanhangsel Handelingen II*, 2020/2021, nr. 206.

65 *Aanhangsel Handelingen II*, 2019/2020, nr. 3478.

66 Lees het verbijsterende rapport van KPMG hierover, *Kamerstukken II*, 2019/20, 31066, nr. 681, bijlage.

67 Zie interview met Aleid Wolfsen, voorzitter van de Autoriteit Persoonsgegevens. Autoriteit Persoonsgegevens: 'Smartengeld voor bijhouden van dubbele nationaliteit', *Trouw*, 25 januari 2021.

68 *Kamerstukken II*, 2020/21, 35510, nr. 21.

69 Staatscourant 19 mei 1998/Nr. 98M004214.

70 *Kamerstukken II*, 2019/20, 35300, nr. 78, p. 71, bijlage.

71 *Kamerstukken II*, 2018/19, 34430, nr. 9, p. 78 e.v.

72 'Er is te veel, niet te weinig informatie', Arno Visser, *Elsevier Weekblad*, 9 januari 2021.

73 Dhr. Uijlenbroek antwoordt in de verhoren voor de Parlementaire Onderzoekscommissie dat er wel een overdrachtsdossier was, maar dat de ADR er niet naar gevraagd had.

74 *Kamerstukken II*, 2020/21, 35510, nr. 3, p. 1571.

75 Ariejan Korteweg en Eline Huisman, *Lobbyland*, Amsterdam: De Geus 2016.

76 *Het Financieele Dagblad*, 17 november 2011.

77 Uitzending *Pauw & Witteman*, 11 november 2011.
78 *Kamerstukken II*, 2014/15, 34200 IX, nr. 2 en latere stukken van de Rekenkamer.
79 *Kamerstukken II*, 2011/12, 33007, nr. 8.

Deel V – Het toeslagenschandaal is geen incident

1 Brief van de nationale ombudsman aan de staatssecretaris van Financiën van 1 december 2014, kenmerk: 2014 01362.
2 Brief van staatssecretaris Wiebes aan de nationale ombudsman van 13 juli 2015, kenmerk DGB 2014 6652 O.
3 *Aanhangsel Handelingen II*, 2016/2017, nr. 1108.
4 *Aanhangsel Handelingen II*, 2011/2012, nr. 358.
5 *Aanhangsel Handelingen II*, 2017/2018, nr. 2395.
6 *Aanhangsel Handelingen II*, 2020/2021, nr. 1509.
7 ECLI:NL:RVS:2019:2528.
8 *Aanhangsel Handelingen II*, 2019/2020, nr. 1085.
9 *Kamerstukken II*, 2020/21, 35510, nr. 13.
10 Wim Voermans, *Het land moet bestuurd worden. Machiavelli in de polder*, Amsterdam: Prometheus 2021, p. 176-177 en p. 259-267 (overzicht van de 69 informatie-incidenten 2000-2020, waarvan 43 in de periode Rutte 2010-2020).

Deel VI – Een nieuw sociaal contract

1 Een beroemde definitie van rechtvaardigheid is die van de Romeinse rechtsgeleerde Domitius Ulpianus: 'Iustitia est constans et perpetua voluntas suum cuique tribuendi. Iuris praecepta sunt haec: honeste vivere, alterum non laedere, suum cuique tribuere.' (Digesten, 1,1,10; Ulpianus Libro primo regularum (Eerste Boek van de rechtsregels)) ('De gerechtigheid is de vaste en constante wil om ieder zijn recht toe te delen. De voorschriften van het recht zijn de volgende: eerbaar leven, de ander niet benadelen en ieder het zijne toebedelen'). Deze klassiek geworden formulering wordt ook vaak afgekort tot suum cuique ('Ieder het zijne').
2 In het Urgenda-arrest van de Hoge Raad draagt de Hoge Raad (en eerder de rechtbank) de regering op bepaalde actie te ondernemen op basis van het EVRM. De rechtbank Den Haag heeft geoordeeld dat fraudedetectiesysteem SyRI in strijd is met het EVRM (artikel 8, recht op

privéleven) en dat het systeem daarom niet meer gebruikt mag worden (ECLI:NL:RBDHA:2020:1878).

3 Een verzoekschrift bij het Europees Hof voor de Rechten van de Mens in Straatsburg kan pas worden ingediend nadat alle nationale rechtsmiddelen zijn uitgeput. In de praktijk duurt het jaren voordat de nationale rechtsmiddelen zijn uitgeput en daarna duurt het ook nog vele jaren in Straatsburg. De weg is dus heel lang.

4 De Nederlandse Grondwet kent nog geen bepaling over het recht op een eerlijk proces. Een grondwetswijziging om dat op te nemen ligt na de verkiezing voor in tweede lezing bij de Tweede Kamer (wetsvoorstel 34517). Als de Tweede en Eerste Kamer het aannemen, dan bevat de Grondwet eindelijk de volgende zin: 'Ieder heeft bij het vaststellen van zijn rechten en verplichtingen of bij het bepalen van de gegrondheid van een tegen hem ingestelde vervolging recht op een eerlijk proces binnen een redelijke termijn voor een onafhankelijke en onpartijdige rechter.'

5 Het vereist het schrappen van artikel 120 uit de Grondwet. Artikel 120 luidt nu: 'De rechter treedt niet in de beoordeling van de grondwettigheid van wetten en verdragen.' Voor het wijzigingen van de Grondwet zijn twee lezingen en stemmingen nodig in beide Kamers. Tussen die beide stemmingen moeten er nieuwe verkiezingen van de Tweede Kamer plaatsvinden. En in tweede lezing is een meerderheid van 2/3 van de leden nodig. Het proces van een grondwetswijziging is dus langer en zwaarder dan een normale wetswijziging.

6 Zie Kees Vuijk, *Oude en nieuwe ongelijkheid. Over het failliet van het verheffingsideaal*, origineel 2017. Tweede druk. Utrecht: Klement 2018; en Michael J. Sandel, *The Tyranny of Merit. What's become of the Common Good?* Londen/New York: Allen Lane 2020.

7 In 2017: Lilianne Ploumen (PvdA), Maurits von Martels (CDA), Lisa Westerveld (GroenLinks) en Isabelle Diks (GroenLinks). In 2012: Pieter Omtzigt (CDA). In 2010: Sabine Uitslag (CDA) en Pia Dijkstra (D66). In 2006: Fatma Koşer Kaya (D66). In 2003: Hilbrand Nawijn (LPF) en Tineke Huizinga-Heringa (CU). In 2002: Tineke Huizinga-Heringa (CU).

8 De Grondwet schrijft in artikel 53 het volgende voor: 'De leden van beide Kamers worden gekozen op de grondslag van evenredige vertegenwoordiging binnen door de wet te stellen grenzen.' Het voorgestelde stelsel voldoet hier ruimschoots aan zodat alleen de gewone wet en niet de Grondwet gewijzigd hoeft te worden. Het is wel van belang dat de wet en de procedures ten minste een jaar voor de geplande verkiezingen vaststaan.

9 The Parliamentary Electoral System in Denmark, Folketinget, 2011.

10 Bij het wetgevingsoverleg Belastingplan 2021 stonden maar liefst negen wetten geagendeerd. Elk Tweede Kamerlid mocht slechts negen keer via interruptie (vraag + vervolgvraag) iets vragen aan een van de vier bewindspersonen die aanwezig waren (Kamerstuk 35572, nr. 78).

11 Artikel 101 en 102 van het Reglement van Orde van de Tweede Kamer. In het voorstel van de commissie-Van der Staaij zou juist dit onderdeel sneuvelen (Kamerstuk 35322).

12 Dit gebeurt bij alle fracties en vaak blijft de pijn van het over het hoofd zien binnenskamers. Een voorbeeld waar het naar buiten kwam was de inkomensafhankelijke zorgpremie, die in 2012 niet door de VVD-fractie op waarde geschat werd en leidde tot een ware revolte in de partij.

13 Zie 'Opening up closed doors – Paper on EU transparency by the Dutch delegation to COSAC' (2017), geschreven door Renske Leijten, Martin van Rooijen en Pieter Omtzigt met een aantal voorstellen. Dit is gesteund door twintig nationale EU-parlementen maar heeft vooralsnog niet geleid tot de gewenste openheid.

14 Lees de snoeiharde waarschuwing van de Rekenkamer op dit dossier. Kamerstuk 35527, nr. 10.

15 De Kamer heeft wel een behandelvoorbehoud en kan met andere parlementen een gele of oranje kaart trekken. In de praktijk zijn deze instrumenten nog niet heel effectief.

16 *Kamerstukken II*, 2018/19, 31066, nr. 468.

17 Instellingsbesluit Adviescommissie praktische rechtsbescherming in belastingzaken, 11 juni 2020.

18 Protection of whistleblowers: a brief guide for implementing a national framework, council of Europe, Strasbourg (2015). Deze aanbevelingen zijn onder andere gebaseerd op de volgende rapporten van mij: 'The protection of whistleblowers', report 12006 of the parliamentary assembly of the Council of Europa (2009) en 'Improving the protection of whistle blowers', report 13791 of the parliamentary assembly of the Council of Europe (2015) en een rapport over de casus-Snowden. Nederland moet voor eind 2021 EU-wetgeving over klokkenluiders geïmplementeerd hebben, namelijk richtlijn 2019/1937. Die richtlijn gaat echter alleen over inbreuken op unierecht en dat is te smal.

19 In de bankwet staat expliciet in artikel 19 dat de president van De Nederlandsche Bank door elke van beide Kamers der Staten-Generaal op hun verzoek gehoord wordt. Een dergelijke bepaling kan ook voor andere toezichthouders in de wet worden opgenomen.

20 De uitzondering is natuurlijk een parlementair onderzoek of een parlementaire enquête. Daarvoor hebben de Staten-Generaal echter maar zeer beperkte capaciteit.

21 *Kamerstukken II*, 2020/21, 31394, nr. 44.
22 Herziening belastingstelsel. Brief van de Algemene Rekenkamer. Tweede Kamer, vergaderjaar 2016-2017, 32140 nr. 30. Bijlage (798085). 1 februari 2017.
23 Kierkegaard, S., 'De verwachting van het geloof', in: *Voor die ene die lezen wil. Kierkegaards toespraken I*, vert. Buijs, L. en Visser, A., Buijten & Schipperheijn Motief, Amsterdam 2013, p. 27.

Personenregister

Abadir, Karim 15, 29
Agramunt, Pedro 42, 44
Aliyev, Ilham 41, 75
Amato, Giuliano 16
Aquino, Thomas van 183, 203
Aristoteles 183
Ark, Tamara van 134
Assad, Bashar al- 43
Asscher, Lodewijk 68, 133-134, 147, 174
Augustinus 183
Azarkan, Farid 63, 157

Balkenende, Jan Peter 21, 24
Box, George 86
Brinkel, Theo 24
Bruins Slot, Hanke 37

Camp, Wim van de 24
Caruana Galizia, Daphne 46-48, 51
Churchill, Winston 73, 76-77
Cicero 183
Cleveringa, Rudolph Pabus 70-73, 76-78, 81-82, 84

Dalhuisen, John 42
Dam, Chris van 66
Destexhe, Alain 44
Dixie, Mark 180
Donner, Piet Hein 27, 61-62, 146
Dussen, Romano van der 180-181

Eckhart, Meister 203
Eisinga, Eise 85
Ephimenco, Sylvain 7-8
Ettekoven, Bart Jan van 144

Fortuyn, Pim 20
Frentrop, Paul 28
Fukuyama, Francis 69

Gökçe, Ahmet 57
González Pérez, Eva 57-58, 63, 116-117, 122-123, 129, 138, 140, 169

H., Laura 32
Haarde, Geir 55
Henry, David 16
Huffelen, Alexandra van 121

Imamkhan, Rachel 179-181

Johansen, Søren 17
Juselius, Katarina 20

Kamp, Henk 136
Kierkegaard, Søren 205
Kleibergen, Frank 21
Klein, Pieter 58, 150, 162
Kleinnijenhuis, Jan 58, 150, 162
Klijnsma, Jetta 61-62, 146
Klink, Ab 13
Knaus, Gerald 41
Koç, Ayfer 28-29, 38
Kok, Wim 165

Langemeijer, Gerard 84
Leijten, Renske 58, 63, 83, 138, 157, 162
Lutsenko, Yuri 55

Marimon, Ramon 17
Marty, Dick 48
Maurits, prins 170
Meijers, Eduard Maurits 70-72
Mizon, Grayham 16
Montesquieu, Charles 184
Mos, Richard de 136
Murad, Nadia 33
Muscat, Joseph 49, 53-54

Omtzigt, Pieter 13-14
Ouden, Willemien den 146

Palmen-Schlangen, Sandra 131, 147, 155, 159, 167
Patricio, Rita 42
Plato 17, 183

Rutte, Mark 132, 135-136, 168

Schwabe, Frank 41, 76
Siderius, Tjitske 137
Snel, Menno 61-62, 146-147, 164
Snowden, Edward 47
Stoel, Max van der 78-79
Strenz, Karin 44

Tinbergen, Jan 85

Ulenbelt, Paul 137

Vijlbrief, Hans 141
Visser, Arno 135
Visser, Lodewijk Ernst 71
Vlieger, Welmoed 11
Voermans, Wim 182
Volontè, Luca 44
Vries, Klaas de 156
Vroonhoven-Kok, Nicolien van 21

Warren, Elizabeth 19
Weekers, Frans 134, 137, 152, 167
Wellink, Nout 26
Wiebes, Eric 134, 157, 167, 174

Zalm, Gerrit 26
Zijlstra, Sjoerd 144-145
Zutphen, Reinier van 61